학령기 아동을 위한

단어인지 및 철자 프로그램

겹받침 단어

김애화 · 김의정 공저

Word Identification and Spelling Program for School-Age Children

학지사

머리말

최근 교육 현장에는 그 어느 때보다 다양한 학습자가 존재하고 있다. 학업 성취에 큰 어려움이 없는 일반 학생을 비롯하여 학습에 어려움을 보이는 학습부진 학생, 학습 속도가 다른 또래 학생들에 비해 느린 현상을 보이는 느린 학습자, 한국어가 모국어가 아니거나 모국어로 습득하는 데 있어 어려움이 있는 다문화 가정 학생, 읽기, 쓰기, 수학 등 학습에 심각한 어려움을 보이는 학습장애 학생 등 다양한 학습적 요구를 보이는 학생들이 있다. 따라서 이러한 다양한 학습자의 학습적 요구를 파악하고 이에 따른 교육적 지원을 하는 것이 필요한 실정이다.

여러 학습 능력 중에서도 읽기 및 쓰기 능력은 모든 교과 학습에 필수적이고 나아가 성공적인 학업 성취를 위해 매우 중요하다고 할 수 있다. 이에 본 프로그램 개발자들은 앞서 언급한 다양한 학습자가 읽기 및 쓰기 능력을 갖추는 데 있어 기초가 되는 단어인지 및 철자에 초점을 둔 프로그램을 개발하였다. 단어인지 및 철자 프로그램의 주요 특징은 다음과 같다. 첫째, 받침이 없는 단어를 읽고 철자하는 것부터 시작하여 겹받침이 있는 단어를 읽고 철자하는 것까지 점진적으로 습득할 수 있도록 체계적으로 개발되었다. 둘째, 한 번 학습한 것에 그치는 것이 아니라 학습한 내용을 누적 연습할 수 있도록 연습 워크북(5권)을 추가로 제공하였다. 셋째, 국내외 선행연구를 통해 단어인지 및 철자 능력 향상에 효과적임이 검증된 증거기반 교수법(evidence-based instructional methods)을 적용하여 개발되었다.

따라서 본 프로그램을 방과 후 등 학교 내에서와, 학습종합클리닉센터, 개별 인지학습치료센터 등 학교 밖에서 단어인지 및 철자 능력 향상이 요구되는 초등학생을 포함한 학령기 학생을 지원하는 데 사용하기를 권장한다. 또한 필요에 따라 가정에서 자녀의 단어인지 및 철자 능력을 지도하기 위해 사용할 것을 권장한다. 본 프로그램 개발자들은 이 단어인지 및 철자 프로그램이 다양한 학습자의 요구에 적합한 학습 기회를 제공할 뿐만 아니라 이들의 단어인지 및 쓰기 능력 향상을 도모하는 데 중요한 자료로서의 역할을 할 것으로 기대한다.

무엇보다도 이 프로그램의 개발 과정에서 여러모로 도움을 준 단국대학교 일반대학원 특수교육학과 김지은 선생님과 출판 과정에서 도움을 주신 학지사 김진환 사장님, 박나리 선생님에게 감사드린다.

저자 일동

프로그램의 구성 및 활용 방법

1. 프로그램의 구성

이 프로그램은 전체 5권으로 구성되어 있다. 1권부터 4권은 3단계 단어인지 및 철자 지도 프로그램이며, 5권은 1~4권에서 학습한 내용을 누적 연습할 수 있는 추가 연습 워크북이다.

- '1단계' 받침 없는 단어인지 및 철자 프로그램(1권과 2권): 1권은 '기본 자음과 기본 모음으로 구성된 단어'를 정확하게 읽고 쓰는 것을 목표로 하는 20차시로 구성되어 있고, 2권은 '된소리 자음과 모음으로 구성된 단어'를 정확하게 읽고 쓰는 것을 목표로 하는 19차시로 구성되어 있다.
- '2단계' 홑받침 단어인지 및 철자 프로그램(3권): '대표음으로 발음되는 홑받침 단어'를 정확하게 읽고 쓰는 것을 목표로 하는 6차시와 '음운 변동이 적용되는 홑받침 단어'를 정확하게 읽고 쓰는 것을 목표로 하는 4차시로 구성되어 있다.
- '3단계' 겹받침 단어인지 및 철자 프로그램(4권): '대표음으로 발음되는 겹받침 단어'를 정확하게 읽고 쓰는 것을 목표로 하는 3차시와 '음운 변동이 적용되는 겹받침 단어'를 정확하게 읽고 쓰는 것을 목표로 하는 5차시로 구성되어 있다.
- 연습 워크북(5권): 1~4권에서 학습한 내용을 누적 연습할 수 있도록 각 단계별 누적 연습 문항을 제공한다.

2. 프로그램의 활용 방법

1~4권의 단어인지 및 철자 지도 프로그램은 각 차시별로 학습목표, 사전평가, 수업, 사후평가로 구성되어 있으며, 다음과 같이 활용할 수 있다.

- **학습목표** 교수자는 학생과 함께 학습목표를 확인한다.
- **사전평가** 교수자가 '정답지'에 제공된 사전평가 문항을 읽어 주고, 학생이 각 문항을 받아쓰도록 함으로써 학생의 현재 수행 수준을 파악한다.
- **수업** 프로그램에서 제시된 순서에 따라 수업을 진행한다. 수업 진행에 필요한 낱자 카드 및 단어 카드는 〈별책부록〉에 제시되어 있으며, 가림판 및 용수철 등의 교수·학습 자료는 프로그램에 동봉된 것을 활용한다.
- **사후평가** 수업 후 교수자가 '정답지'에 제공된 사후평가 문항을 읽어 주고, 학생이 각 문항을 받아쓰도록 함으로써 학습목표의 달성 여부를 파악한다. 사후평가 결과, 학생이 해당 차시 학습목표를 달성하지 못한 경우, 해당 차시 수업을 반복할 수 있다.

5권 연습 워크북은 각 단계에서 배운 단어들을 반복·누적 연습할 수 있도록 구성하였다. 교수자는 매 회기마다 약 10분간 연습 워크북을 활용하여 이미 배웠던 단어들을 반복·누적 연습할 수 있는 기회를 제공하는 것이 좋다.

1~4권에 적용된 교수 및 학습 전략에 대한 이론적 설명은 각 단계별 프로그램의 첫머리에 '일러두기'로 제시되어 있다.

차례

2. 음운 변동이 적용되는 겹받침 단어

01

대표음으로 발음되는
겹받침 단어

일러두기(1차시)

음절 끝소리 법칙: 음절 끝소리 자음(종성)이 [ㄱ, ㄴ, ㄷ, ㄹ, ㅁ, ㅂ, ㅇ] 중 하나로 발음된다.

> ㄵ[은]으로 발음되는 겹받침: ㄵ (앉다)
> ㄼ[을]으로 발음되는 겹받침: ㄼ (넓다)

분석적 파닉스 교수

분석적 파닉스 교수는 각 낱자에 대응하는 소리를 따로 가르치지 않고 단어 내에서 낱자–소리 대응관계를 파악하도록 가르치는 단어인지 교수법이다. 이를 위해 교수자는 같은 소리를 포함한 단어들(예, 앉다, 얹다, 가라앉다, 끼얹다)을 제시한 후, 학생이 이 단어들은 모두 받침 'ㄵ'이 있고, [은] 소리가 난다는 것을 파악하도록 지도해야 한다.

음운처리 중심 철자 교수법

음운처리 중심 교수법은 낱자–소리 대응관계를 가르치고, 소리에 대응하는 낱자를 올바르게 표기함으로써 단어를 철자하도록 가르치는 교수법이다. 음운처리 중심 교수법은 합성 파닉스 교수법에 근거한 철자 교수법이라고 할 수 있다.

표기처리 중심 철자 교수법

표기처리 중심 철자 교수법은 <u>단어의 발음뿐 아니라 단어의 시각적인 형태</u>에도 초점을 맞추어 가르치는 교수법이다. 특히 음절 끝소리 법칙이 적용되어 같은 발음(예, [은])이 나지만, 다르게 표기하는 받침들(예, ㄴ, ㄵ)의 경우, <u>받침의 형태에 초점</u>을 맞추도록 강조한다. 이를 위해 받침에 ○를 치도록 하는 활동이나 알맞은 받침을 써 넣도록 하는 활동 등을 할 수 있다.

가리고–기억하여 쓰고–비교하기

가리고, 기억하여 쓰고, 비교하기(cover, copy, compare)는 자기 교정법에 속하는 활동이다. 학생에게 단어를 보여 준 다음, 단어를 가리고(cover), 약간의 시간(예, 약 3초)을 주어 학생이 단어를 기억하여 쓰도록 하고(copy), 그다음 다시 단어를 보여 주어 해당 단어와 자신의 답을 비교하여 답을 확인하게 한다(compare). 이때, 각 단어의 겹받침에 ○를 치도록 하여, 학생들이 겹받침의 시각적 형태에 주의를 기울이도록 한다.

단어 분류하기

단어 분류하기는 단어를 구체적인 기준에 따라 구분하는 활동을 의미한다. 여기서는 같은 겹받침이 있는 단어들끼리 분류하도록 한다.

1차시 겹받침 ㄵ, ㄼ: 앉다, 넓다

학습목표

겹받침 'ㄵ'과 'ㄼ'이 들어간 글자와 단어를 정확하게 읽고 쓸 수 있다.

사전평가

"선생님이 불러 주는 단어를 받아 적는 문제입니다. 잘 듣고, 답안지에 단어를 받아 적어 보세요."

(정답지 p. 148에 평가 문항 제시)

번호	단어(발음)
1	
2	
3	
4	
5	
6	
7	
8	

수업

제목에서 겹받침에 ○를 치면서, 오늘 배울 내용을 살펴봅시다.

앉다, 넓다

다음 단어들에 공통적으로 들어가는 받침을 찾아서 ○를 치세요.

앉다, 얹다, 가라앉다, 끼얹다

겹받침 낱자 'ㄵ'의 소리를 알아봅시다.

 겹받침 ㄵ의 소리를 알아봅시다.

1. ㄵ 겹받침 'ㄵ'은 무슨 소리가 나나요? '은' 소리가 납니다.

2. 그림을 보면서 겹받침 ㄵ 소리를 연습해 봅시다.

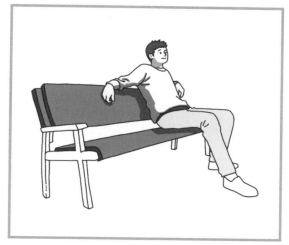

[앉다] ➡ [아은따] [안따]

3. 낱자의 소리를 말하면서 표시된 순서에 따라 써 봅시다.

글자를 만들어 봅시다.

 '아'와 'ㄵ'을 합치면 무슨 글자가 될까요?

1. 용수철을 사용하여 소리를 합쳐 봅시다.

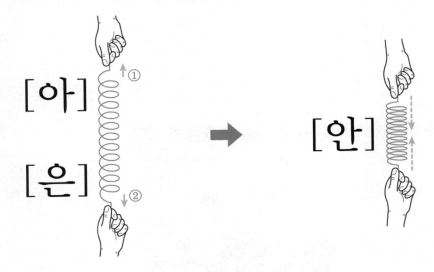

2. 다음 그림처럼 낱자 카드(✂ 〈부록 1쪽〉)를 사용하여 소리를 합쳐 봅시다.

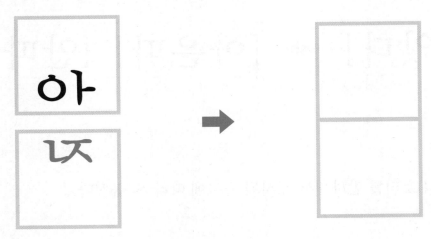

글자를 만들어 봅시다.

1차시

 '어'와 'ㄵ'을 합치면 무슨 글자가 될까요?

1. 용수철을 사용하여 소리를 합쳐 봅시다.

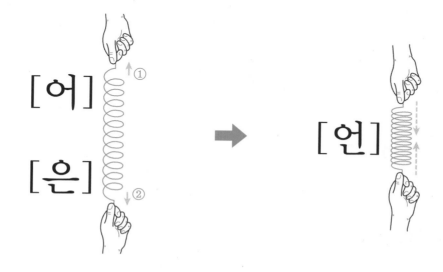

2. 다음 그림처럼 낱자 카드(✂ 〈부록 1쪽〉)를 사용하여 소리를 합쳐 봅시다.

다음 단어들에 알맞은 겹받침을 써넣고, 문장을 소리 내어 읽어 본 후, 단어의 뜻을 알아봅시다.

1. **의자에** 아다 ➡ 엉덩이를 바닥이나 의자에 대고 등을 펴다.

2. **배가** 가라아다 ➡ 물속이나 아래로 내려앉다.

3. **물을** 끼어다 ➡ 물 같은 것을 뿌리다.

4. **팔을** 어다 ➡ 물건 위에 또 다른 물건을 올려놓다.

겹받침 ㄵ이 들어간 단어의 겹받침에 ○를 치면서 단어를 읽고, 알맞은 뜻을 연결시켜 봅시다.

1

차시

1. **앉다** •   • 엉덩이를 바닥이나 의자에 대고 등을 펴다.

2. **없다** •   • 물속이나 아래로 내려앉다.

3. **가라앉다** •   • 물 같은 것을 뿌리다.

4. **끼얹다** •   • 물건 위에 또 다른 물건을 올려놓다.

겹받침 ㄵ이 들어간 단어의 받침에 ○를 치면서 읽고, 단어를 가림판으로 가리고 기억하여 쓴 후, 맞게 썼는지 확인해 봅시다. 그다음, 단어를 세 번 더 반복해서 써 봅시다.

겹받침 ㄵ에 ○를 치면서 읽기	기억하여 쓰기	반복 쓰기	반복 쓰기	반복 쓰기
앉다				
얹다				
가라앉다				
끼얹다				

다음 단어들에 공통적으로 들어가는 받침을 찾아서 ○를 치세요.

넓다, 짧다, 엷다, 얇다

겹받침 낱자 'ㄼ'의 소리를 알아봅시다.

겹받침 ㄼ의 소리를 알아봅시다.

1. ㄼ   겹받침 'ㄼ'은 무슨 소리가 나나요? '을' 소리가 납니다.

2. 그림을 보면서 겹받침 ㄼ 소리를 연습해 봅시다.

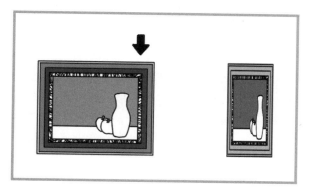

[넓다] ➡
[너을따] [널따]

3. 낱자의 소리를 말하면서 표시된 순서에 따라 써 봅시다.

글자를 만들어 봅시다.

 '너'와 'ㄼ'을 합치면 무슨 글자가 될까요?

1. 용수철을 사용하여 소리를 합쳐 봅시다.

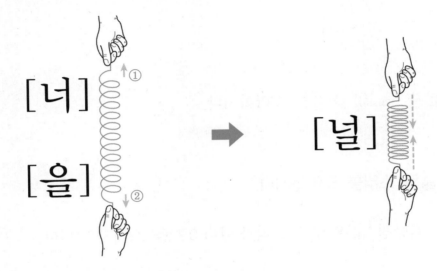

2. 다음 그림처럼 낱자 카드(✂ 〈부록 1쪽〉)를 사용하여 소리를 합쳐 봅시다.

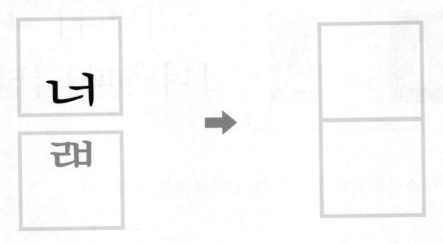

글자를 만들어 봅시다.

 '짜'와 'ㄼ'을 합치면 무슨 글자가 될까요?

1. 용수철을 사용하여 소리를 합쳐 봅시다.

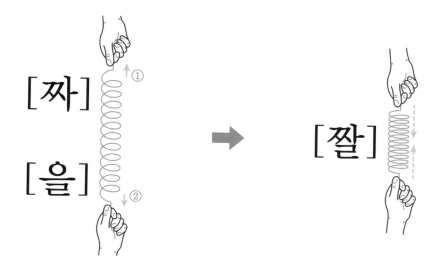

2. 다음 그림처럼 낱자 카드(✂ 〈부록 1쪽〉)를 사용하여 소리를 합쳐 봅시다.

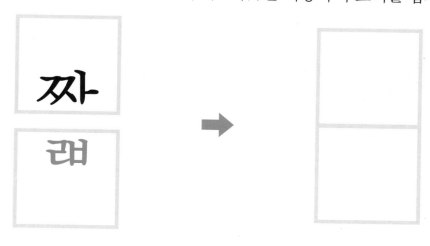

글자를 만들어 봅시다.

 '여'와 'ㄹㅂ'을 합치면 무슨 글자가 될까요?

1. 용수철을 사용하여 소리를 합쳐 봅시다.

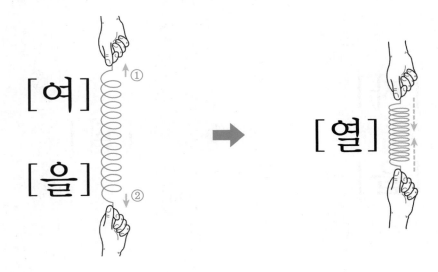

2. 다음 그림처럼 낱자 카드(✂ 〈부록 1쪽〉)를 사용하여 소리를 합쳐 봅시다.

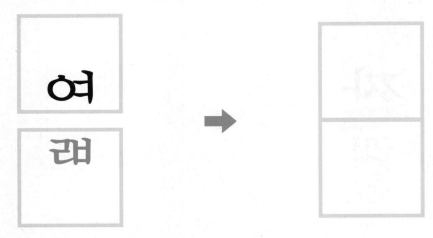

글자를 만들어 봅시다.

 '야'와 'ㄼ'을 합치면 무슨 글자가 될까요?

1차시

1. 용수철을 사용하여 소리를 합쳐 봅시다.

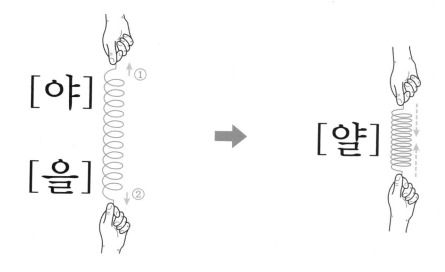

2. 다음 그림처럼 낱자 카드(✂ 〈부록 1쪽〉)를 사용하여 소리를 합쳐 봅시다.

다음 단어들에 알맞은 겹받침을 써넣고, 문장을 소리 내어 읽어 본 후, 단어의 뜻을 알아봅시다.

1. **바다가** 너다 ➡️ 공간이 크다.

2. **치마가** 짜다 ➡️ 길이가 길지 않다.

3. **색깔이** 여다 ➡️ 색이 진하지 않다.

4. **책 두께가** 야다 ➡️ 두께가 두껍지 않다.

겹받침 ㄼ이 들어간 단어의 겹받침에 ○를 치면서 단어를 읽고, 알맞은 뜻을 연결시켜 봅시다.

1. **넓다** ●   ● 공간이 크다.

2. **엷다** ●   ● 길이가 길지 않다.

3. **짧다** ●   ● 색이 진하지 않다.

4. **얇다** ●   ● 두께가 두껍지 않다.

겹받침 ㄼ이 들어간 단어의 받침에 ○를 치면서 읽고, 단어를 가림판으로 가리고 기억하여 쓴 후, 맞게 썼는지 확인해 봅시다. 그다음, 단어를 세 번 더 반복해서 써 봅시다.

겹받침 ㄼ에 ○를 치면서 읽기	기억하여 쓰기	반복 쓰기	반복 쓰기	반복 쓰기
넓다				
짧다				
엷다				
얇다				

> 〈보기〉에서 빈칸에 알맞은 단어를 골라 적으세요.

01 치마가 ☐ .

● 보기 ●
① 짥다   ② 짧다   ③ 짦다

02 배가 ☐ .

● 보기 ●
① 가라않다   ② 가라앉다   ③ 가라안다

03 의자에 ☐ .

● 보기 ●
① 안다   ② 않다   ③ 앉다

04 바다가 ☐ .

● 보기 ●
① 넓다   ② 넒다   ③ 넗다

05 하늘 색깔이 ☐ .

● 보기 ●
① 엶다   ② 옇다   ③ 엷다

06 어깨에 팔을 [   ].

● 보기 ●
① 엁다   ② 얹다   ③ 언다

07 더워서 몸에 물을 [   ].

● 보기 ●
① 끼얹다   ② 끼언다   ③ 끼엁다

08 종이가 [   ].

● 보기 ●
① 얇다   ② 얇다   ③ 앏다

> 다음 문장들의 단어에 겹받침 ㄵ, ㄼ 중 알맞은 받침을 적어 넣어 봅시다.

1. 색깔이 **여다**.

2. 의자에 **아다**.

3. 치마가 **짜다**.

4. 바다가 **너다**.

5. 배가 **가라아다**.

6. 책 두께가 **야다**.

7. 팔을 **어다**.

8. 물을 **끼어다**.

이전 활동에서 완성한 단어들을 같은 받침을 가진 단어끼리 단어 카드(✂ 〈✂ 부록 4쪽〉)를 사용하여 붙여 봅시다. 그다음, 받침별로 소리 내어 읽어 봅시다.

겹받침 ㄵ	겹받침 ㄼ

 사후평가

"선생님이 불러 주는 단어를 받아 적는 문제입니다. 잘 듣고, 답안지에 단어를 받아 적어 보세요."

(정답지 p. 148에 평가 문항 제시)

번호	단어(발음)
1	
2	
3	
4	
5	
6	
7	
8	

일러두기(2차시)

음절 끝소리 법칙: 음절 끝소리 자음(종성)이 [ㄱ, ㄴ, ㄷ, ㄹ, ㅁ, ㅂ, ㅇ] 중 하나로 발음된다.

> ㅄ[읍]으로 발음되는 겹받침: ㅄ(없다)
> ㄳ[윽]으로 발음되는 겹받침: ㄳ(몫)

분석적 파닉스 교수

분석적 파닉스 교수는 각 낱자에 대응하는 소리를 따로 가르치지 않고 단어 내에서 낱자—소리의 대응관계를 파악하도록 가르치는 단어인지 교수법이다. 이를 위해 교수자는 같은 소리를 포함한 단어들(예, 없다, 가엾다)을 제시한 후, 학생이 이 단어들은 모두 받침 'ㅄ'이 있고 [읍] 소리가 난다는 것을 파악 하도록 지도해야 한다.

음운처리 중심 철자 교수법

음운처리 중심 교수법은 낱자—소리 대응관계를 가르치고, 소리에 대응하는 낱자를 올바르게 표기함으로써 단어를 철자하도록 가르치는 교수법이다. 음운처 리 중심 교수법은 합성 파닉스 교수법에 근거한 철자 교수법이라고 할 수 있다.

표기처리 중심 철자 교수법

표기처리 중심 철자 교수법은 단어의 발음뿐 아니라 단어의 시각적인 형태에 도 초점을 맞추어 가르치는 교수법이다. 특히 음절 끝소리 법칙이 적용되어 같은 발음(예, [읍])이 나지만, 다르게 표기하는 받침들(예, ㅂ, ㅍ, ㅄ)의 경 우, 받침의 형태에 초점을 맞추도록 강조한다. 이를 위해 받침에 ○를 치도록 하는 활동이나 알맞은 받침을 써 넣도록 하는 활동 등을 할 수 있다.

가리고—기억하여 쓰고—비교하기

가리고, 기억하여 쓰고, 비교하기(cover, copy, compare)는 자기 교정법에 속하는 활동이다. 학생에게 단어를 보여 준 다음, 단어를 가리고(cover), 약 간의 시간(예, 약 3초)을 주어 학생이 단어를 기억하여 쓰도록 하고(copy), 그다음 다시 단어를 보여 주어 해당 단어와 자신의 답을 비교하여 답을 확인 하게 한다(compare). 이때, 각 단어의 겹받침에 ○를 치도록 하여, 학생들이 겹받침의 시각적 형태에 주의를 기울이도록 한다.

단어 분류하기

단어 분류하기는 단어를 구체적인 기준에 따라 구분하는 활동을 의미한다. 여 기서는 같은 겹받침이 있는 단어들끼리 분류하도록 한다.

2차시 겹받침 ㅄ, ㄳ: 없다, 몫

 **학습목표**

겹받침 'ㅄ'과 'ㄳ'이 들어간 글자와 단어를 정확하게 읽고 쓸 수 있다.

 **사전평가**

"선생님이 불러 주는 단어를 받아 적는 문제입니다. 잘 듣고, 답안지에 단어를 받아 적어 보세요."

(정답지 p. 149에 평가 문항 제시)

번호	단어(발음)
1	
2	
3	
4	
5	
6	
7	
8	

수업

제목에서 겹받침에 ○를 치면서, 오늘 배울 내용을 살펴봅시다.

없다, 몫

다음 단어들에 공통적으로 들어가는 받침을 찾아서 ○를 치세요.

없다, 재미없다, 가엾다

겹받침 낱자 'ㅄ'의 소리를 알아봅시다.

가나 겹받침 ㅄ의 소리를 알아봅시다.

1. ㅄ   겹받침 'ㅄ'은 무슨 소리가 나나요? '읍' 소리가 납니다.

2. 그림을 보면서 겹받침 ㅄ 소리를 연습해 봅시다.

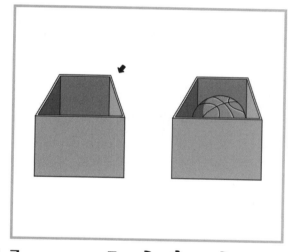

[없다] ➡ [어읍따] [업따]

3. 낱자의 소리를 말하면서 표시된 순서에 따라 써 봅시다.

글자를 만들어 봅시다.

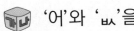 '어'와 'ㅄ'을 합치면 무슨 글자가 될까요?

1. 용수철을 사용하여 소리를 합쳐 봅시다.

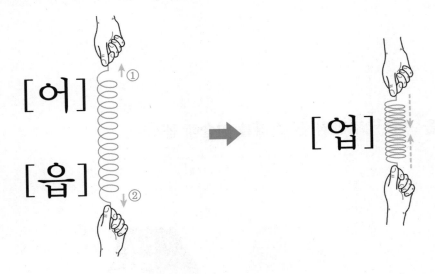

2. 다음 그림처럼 낱자 카드(✂ 〈부록 2쪽〉)를 사용하여 소리를 합쳐 봅시다.

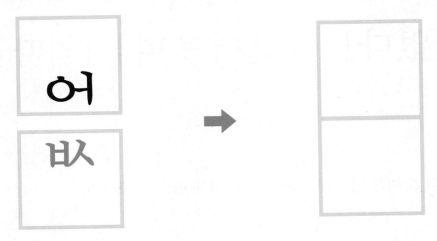

글자를 만들어 봅시다.

 '여'와 'ㅄ'을 합치면 무슨 글자가 될까요?

1. 용수철을 사용하여 소리를 합쳐 봅시다.

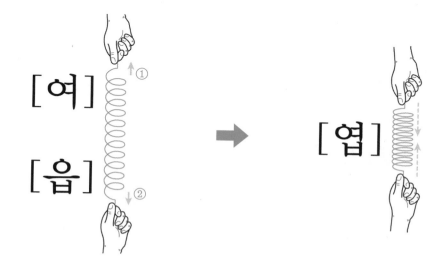

2. 다음 그림처럼 낱자 카드(✂ 〈부록 2쪽〉)를 사용하여 소리를 합쳐 봅시다.

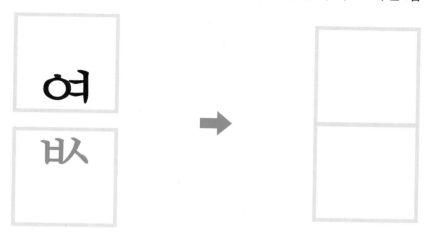

다음 단어들에 알맞은 겹받침을 써넣고, 문장을 소리 내어 읽어 본 후, 단어의 뜻을 알아봅시다.

1. **철수의 거짓말이** 어이없다   ➡   너무 뜻밖이어서 기가 막힌다.

2. **책이** 없다   ➡   (어떤 것이) 있지 않다.

3. **거지가** 가엾다   ➡   딱하고 불쌍하다.

겹받침 ㅄ이 들어간 단어의 겹받침에 ○를 치면서 단어를 읽고, 알맞은 뜻을 연결시켜 봅시다.

1. **없다**   •   •   너무 뜻밖이어서 기가 막힌다.

2. **가없다**   •   •   (어떤 것이) 있지 않다.

3. **어이없다**   •   •   딱하고 불쌍하다.

겹받침 ㅄ이 들어간 단어의 받침에 ○를 치면서 읽고, 단어를 가림판으로 가리고 기억하여 쓴 후, 맞게 썼는지 확인해 봅시다. 그다음, 단어를 세 번 더 반복해서 써 봅시다.

겹받침 ㅄ에 ○를 치면서 읽기	기억하여 쓰기	반복 쓰기	반복 쓰기	반복 쓰기
없다				
어이없다				
가엾다				

다음 단어들에 공통적으로 들어가는 받침을 찾아서 ○를 치세요.

몫, 삯, 넋

겹받침 낱자 'ㄳ'의 소리를 알아봅시다.

겹받침 ㄳ의 소리를 알아봅시다.

1. ㄳ   겹받침 'ㄳ'은 무슨 소리가 나나요? '윽' 소리가 납니다.

2. 그림을 보면서 받침 ㄳ 소리를 연습해 봅시다.

[몫] ➡ [모윽] [목]

3. 낱자의 소리를 말하면서 표시된 순서에 따라 써 봅시다.

글자를 만들어 봅시다.

 '모'와 'ㄳ'을 합치면 무슨 글자가 될까요?

1. 용수철을 사용하여 소리를 합쳐 봅시다.

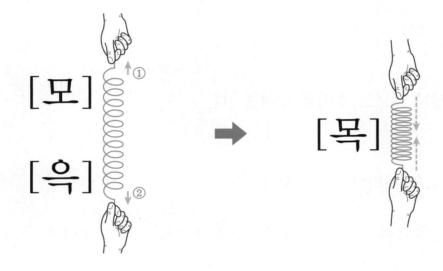

2. 다음 그림처럼 낱자 카드(✂ 〈부록 2쪽〉)를 사용하여 소리를 합쳐 봅시다.

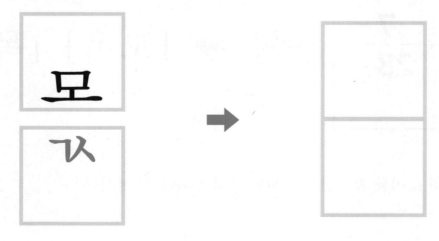

글자를 만들어 봅시다.

 '사'와 'ㄳ'을 합치면 무슨 글자가 될까요?

1. 용수철을 사용하여 소리를 합쳐 봅시다.

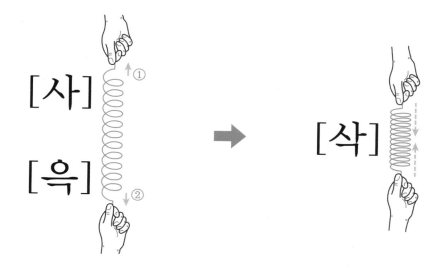

2. 다음 그림처럼 낱자 카드(✂ 〈부록 2쪽〉)를 사용하여 소리를 합쳐 봅시다.

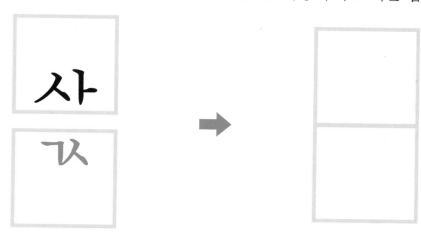

글자를 만들어 봅시다.

'너'와 'ㄱㅅ'을 합치면 무슨 글자가 될까요?

1. 용수철을 사용하여 소리를 합쳐 봅시다.

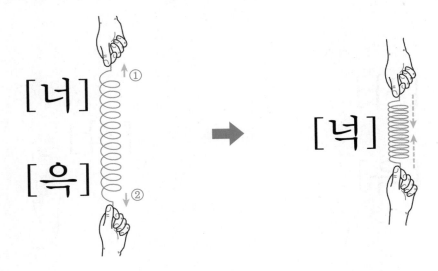

2. 다음 그림처럼 낱자 카드(✂ 〈부록 2쪽〉)를 사용하여 소리를 합쳐 봅시다.

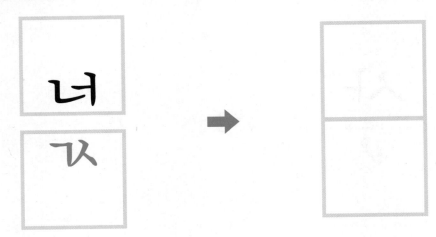

다음 단어들에 알맞은 겹받침을 써넣고, 문장을 소리 내어 읽어 본 후, 단어의 뜻을 알아봅시다.

1. **돌아가신 아버님의 너** ➡ 정신 또는 영혼

2. **나누어 가진 모** ➡ 나눠서 각자가 가지게 되는 양
(또는 각자가 해야 하는 일)

3. **심부름을 다녀와서 받은 사** ➡ 일을 한 값으로 받는 것

겹받침 ㄳ이 들어간 단어의 겹받침에 ○를 치면서 단어를 읽고, 알맞은 뜻을 연결시켜 봅시다.

1. | 몫 | •   • | 정신 또는 영혼 |

2. | 삯 | •   • | 나눠서 각자가 가지게 되는 양 (또는 각자가 해야 하는 일) |

3. | 넋 | •   • | 일을 한 값으로 받는 것 |

2차시) 겹받침 ㅄ, ㄳ: 없다, 몫   47

겹받침 ㄳ이 들어간 단어의 받침에 ○를 치면서 읽고, 단어를 가림판으로 가리고 기억하여 쓴 후, 맞게 썼는지 확인해 봅시다. 그다음, 단어를 세 번 더 반복해서 써 봅시다.

2차시

겹받침 ㄳ에 ○를 치면서 읽기	기억하여 쓰기	반복 쓰기	반복 쓰기	반복 쓰기
몫				
삯				
넋				

01 책이 ☐☐☐ .

● 보기 ●

① 없다　　② 업다　　③ 었다

02 거지가 ☐☐☐ .

● 보기 ●

① 가엾다　　② 가엾다　　③ 가엾다

03 철수의 거짓말이 ☐☐☐ .

● 보기 ●

① 어이업다　　② 어이었다　　③ 어이없다

04 심부름을 다녀와서 받은 ☐☐☐ .

● 보기 ●

① 삯　　② 삭　　③ 삵

05 억울하게 돌아가신 분들의 [   ] 을 달래다.

● 보기 ●

① 넉   ② 넑   ③ 넋

06 자기 [   ] 을 챙기다.

● 보기 ●

① 목   ② 몱   ③ 몫

다음 문장들의 단어에 겹받침 ㅄ, ㄳ 중 알맞은 받침을 적어 넣어 봅시다.

1. 책이 **어**다.

2. 나누어 가진 **모**

3. 심부름을 다녀와서 받은 **사**

4. 소문이 **어이어**다.

5. 돌아가신 아버님의 **너**

6. 거지가 **가여**다.

이전 활동에서 완성한 단어들을 같은 받침을 가진 단어끼리 단어 카드(✄ 〈✄ 부록 4쪽〉)를 사용하여 붙여 봅시다. 그다음, 받침별로 소리 내어 읽어 봅시다.

겹받침 ㅄ	겹받침 ㄳ

 사후평가

"선생님이 불러 주는 단어를 받아 적는 문제입니다. 잘 듣고, 답안지에 단어를 받아 적어 보세요."

(정답지 p. 149에 평가 문항 제시)

번호	단어(발음)
1	
2	
3	
4	
5	
6	
7	
8	

일러두기(3차시)

음절 끝소리 법칙: 음절 끝소리 자음(종성)이 [ㄱ, ㄴ, ㄷ, ㄹ, ㅁ, ㅂ, ㅇ] 중 하나로 발음된다.

> ㄺ[윽]으로 발음되는 겹받침: ㄺ(읽다), ㄳ(몫)
> ㄻ[음]으로 발음되는 겹받침: ㄻ(닮다)

분석적 파닉스 교수

분석적 파닉스 교수는 각 낱자에 대응하는 소리를 따로 가르치지 않고 단어 내에서 낱자–소리의 대응관계를 파악하도록 가르치는 단어 인지 교수법이다. 이를 위해 교수자는 같은 소리를 포함한 단어들(예, 읽다, 늙다, 긁다)을 제시한 후, 학생이 이 단어들은 모두 받침 'ㄺ'이 있고 [윽] 소리가 난다는 것을 파악하도록 지도해야 한다.

음운처리 중심 철자 교수법

음운처리 중심 교수법은 낱자–소리 대응관계를 가르치고, 소리에 대응하는 낱자를 올바르게 표기함으로써 단어를 철자하도록 가르치는 교수법이다. 음운처리 중심 교수법은 합성 파닉스 교수법에 근거한 철자 교수법이라고 할 수 있다.

표기처리 중심 철자 교수법

표기처리 중심 철자 교수법은 단어의 발음뿐 아니라 단어의 시각적인 형태에도 초점을 맞추어 가르치는 교수법이다. 특히 음절 끝소리 법칙이 적용되어 같은 발음(예, [음])이 나지만, 다르게 표기하는 받침들(예, ㅁ, ㄻ)의 경우, 받침의 형태에 초점을 맞추도록 강조한다. 이를 위해 받침에 ○를 치도록 하는 활동이나 알맞은 받침을 써 넣도록 하는 활동 등을 할 수 있다.

가리고–기억하여 쓰고–비교하기

가리고, 기억하여 쓰고, 비교하기(cover, copy, compare)는 자기 교정법에 속하는 활동이다. 학생에게 단어를 보여 준 다음, 단어를 가리고(cover), 약간의 시간(예, 약 3초)을 주어 학생이 단어를 기억하여 쓰도록 하고(copy), 그다음 다시 단어를 보여 주어 해당 단어와 자신의 답을 비교하여 답을 확인하게 한다(compare). 이때, 각 단어의 겹받침에 ○를 치도록 하여, 학생들이 겹받침의 시각적 형태에 주의를 기울이도록 한다.

단어 분류하기

단어 분류하기는 단어를 구체적인 기준에 따라 구분하는 활동을 의미한다. 여기서는 같은 겹받침이 있는 단어들끼리 분류하도록 한다.

3차시 겹받침 ㄹㄱ, ㄹㅁ : 읽다, 닮다

 **학습목표**

겹받침 'ㄹㄱ'과 'ㄹㅁ'이 들어간 글자와 단어를 정확하게 읽고 쓸 수 있다.

 **사전평가**

"선생님이 불러 주는 단어를 받아 적는 문제입니다. 잘 듣고, 답안지에 단어를 받아 적어 보세요."

(정답지 p. 150에 평가 문항 제시)

번호	단어(발음)
1	
2	
3	
4	
5	
6	
7	
8	

수업

> 제목에서 겹받침에 ○를 치면서, 오늘 배울 내용을 살펴봅시다.

읽다, 닮다

3
차시

> 다음 단어들에 공통적으로 들어가는 받침을 찾아서 ○를 치세요.

읽다, 늙다, 긁다, 굵다, 붉다, 맑다, 밝다

겹받침 낱자 '∈'의 소리를 알아봅시다.

겹받침 ∈의 소리를 알아봅시다.

1. ⊑ 겹받침 '∈'은 무슨 소리가 나나요? '윽' 소리가 납니다.

2. 그림을 보면서 겹받침 ∈ 소리를 연습해 봅시다.

[읽다] ➡ [이윽따] [익따]

3. 낱자의 소리를 말하면서 표시된 순서에 따라 써 봅시다.

글자를 만들어 봅시다.

 '이'와 'ㄺ'을 합치면 무슨 글자가 될까요?

1. 용수철을 사용하여 소리를 합쳐 봅시다.

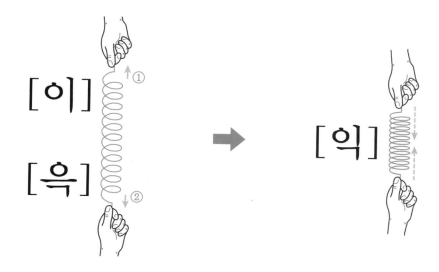

2. 다음 그림처럼 낱자 카드(✂ 〈부록 3쪽〉)를 사용하여 소리를 합쳐 봅시다.

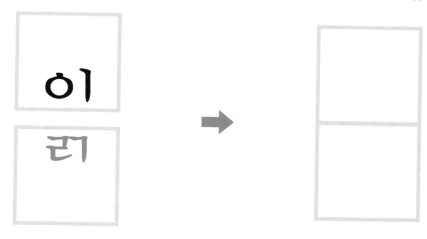

글자를 만들어 봅시다.

 '그'와 'ㄹㄱ'을 합치면 무슨 글자가 될까요?

1. 용수철을 사용하여 소리를 합쳐 봅시다.

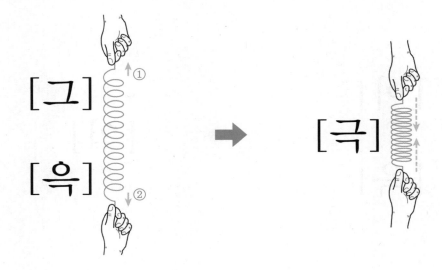

2. 다음 그림처럼 낱자 카드(✂ ⟨부록 3쪽⟩)를 사용하여 소리를 합쳐 봅시다.

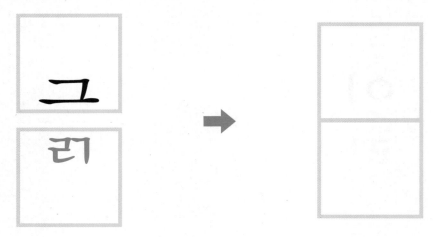

글자를 만들어 봅시다.

 '부'와 'ㄺ'을 합치면 무슨 글자가 될까요?

1. 용수철을 사용하여 소리를 합쳐 봅시다.

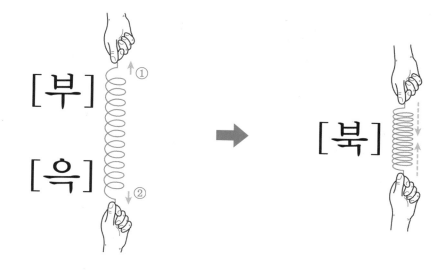

2. 다음 그림처럼 낱자 카드(✂ 〈부록 3쪽〉)를 사용하여 소리를 합쳐 봅시다.

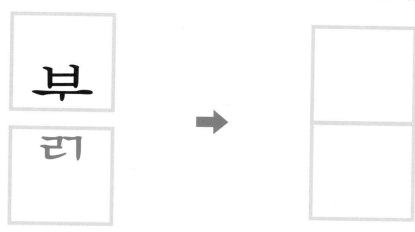

글자를 만들어 봅시다.

 '마'와 'ㄺ'을 합치면 무슨 글자가 될까요?

1. 용수철을 사용하여 소리를 합쳐 봅시다.

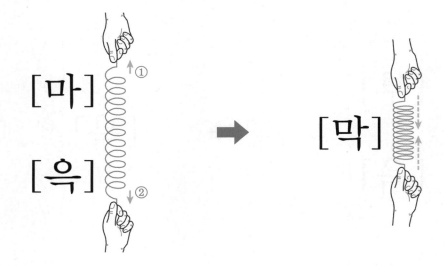

2. 다음 그림처럼 낱자 카드(✂ 〈부록 3쪽〉)를 사용하여 소리를 합쳐 봅시다.

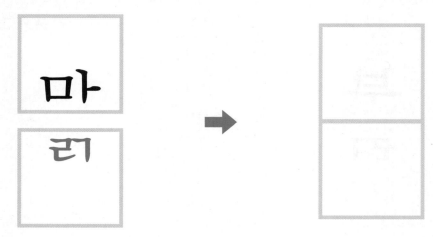

다음 단어들에 알맞은 겹받침을 써넣고, 문장을 소리 내어 읽어 본 후, 단어의 뜻을 알아봅시다.

3
차시

1. **할머니가** **다** ➡ 나이가 많이 먹다.

2. **책을** **다** ➡ 글을 보고 이해하다.

3. **얼굴을** **다** ➡ 손톱이나 뾰족한 물건으로 문지르다.

4. **다리가** **다** ➡ 두껍다.

5. **보름달이** **다** ➡ 빛이 잘 들어 환하다.

6. **날씨가** **다** ➡ 흐리지 않고 깨끗하다.

7. **꽃이** **다** ➡ 빨갛다.

> 겹받침 ㄲ이 들어간 단어의 겹받침에 ○를 치면서 단어를 읽고, 알맞은 뜻을 연결시켜 봅시다.

1. **읽다** •   • 나이가 많이 먹다.

2. **밝다** •   • 글을 보고 이해하다.

3. **맑다** •   • 손톱이나 뾰족한 물건으로 문지르다.

4. **늙다** •   • 두껍다.

5. **붉다** •   • 빛이 잘 들어 환하다.

6. **긁다** •   • 흐리지 않고 깨끗하다.

7. **굵다** •   • 빨갛다.

겹받침 ㄺ이 들어간 단어의 받침에 ○를 치면서 읽고, 단어를 가림판으로 가리고 기억하여 쓴 후, 맞게 썼는지 확인해 봅시다. 그다음, 단어를 세 번 더 반복해서 써 봅시다.

겹받침 ㄺ에 ○를 치면서 읽기	기억하여 쓰기	반복 쓰기	반복 쓰기	반복 쓰기
읽다				
늙다				
긁다				
굵다				
붉다				
맑다				
밝다				

3
차시

다음 단어들에 공통적으로 들어가는 받침을 찾아서 〇를 치세요.

닭다, 젊다, 굶다, 옮다, 삶다

겹받침 낱자 'ㄻ'의 소리를 알아봅시다.

겹받침 ㄻ의 소리를 알아봅시다.

1. ┃ㄻ┃ 겹받침 'ㄻ'은 무슨 소리가 나나요? '음' 소리가 납니다.

2. 그림을 보면서 받침 ㄻ 소리를 연습해 봅시다.

[닭다] ➡

[다음따] [담따]

3. 낱자의 소리를 말하면서 표시된 순서에 따라 써 봅시다.

글자를 만들어 봅시다.

 '다'와 'ᆱ'을 합치면 무슨 글자가 될까요?

1. 용수철을 사용하여 소리를 합쳐 봅시다.

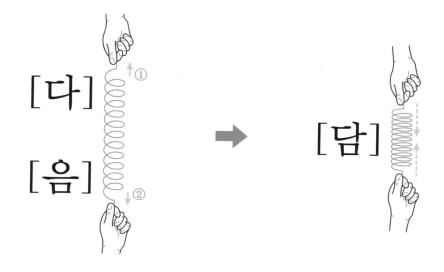

2. 다음 그림처럼 낱자 카드(✂ 〈부록 3쪽〉)를 사용하여 소리를 합쳐 봅시다.

글자를 만들어 봅시다.

 '저'와 'ㄹㅁ'을 합치면 무슨 글자가 될까요?

1. 용수철을 사용하여 소리를 합쳐 봅시다.

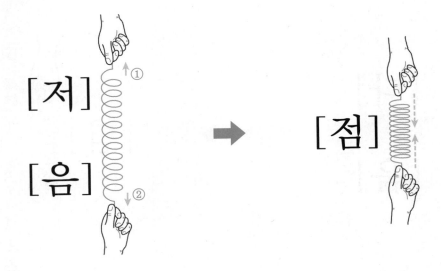

2. 다음 그림처럼 낱자 카드(✂ 〈부록 3쪽〉)를 사용하여 소리를 합쳐 봅시다.

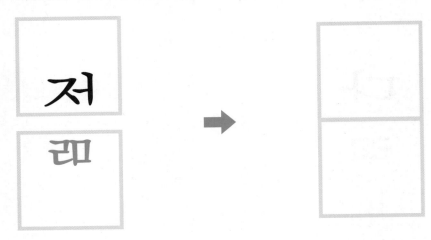

글자를 만들어 봅시다.

 '구'와 'ㄻ'을 합치면 무슨 글자가 될까요?

1. 용수철을 사용하여 소리를 합쳐 봅시다.

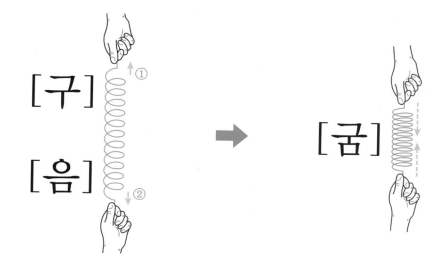

2. 다음 그림처럼 낱자 카드(✂ ⟨부록 3쪽⟩)를 사용하여 소리를 합쳐 봅시다.

글자를 만들어 봅시다.

 '사'와 'ㄻ'을 합치면 무슨 글자가 될까요?

1. 용수철을 사용하여 소리를 합쳐 봅시다.

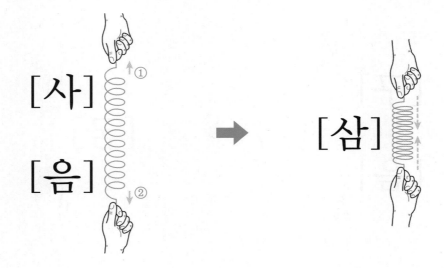

2. 다음 그림처럼 낱자 카드(✂ 〈부록 3쪽〉)를 사용하여 소리를 합쳐 봅시다.

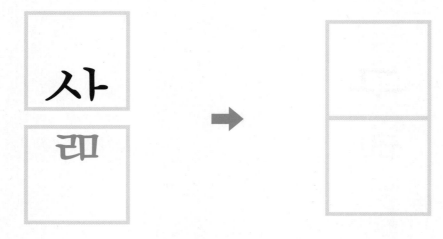

다음 단어들에 알맞은 겹받침을 써넣고, 문장을 소리 내어 읽어 본 후, 단어의 뜻을 알아봅시다.

3차시

1. **동생과** 다다 ➡ 비슷하게 생기다.

2. **나이가** 저다 ➡ 나이가 적다.

3. **병이** 오다 ➡ 병균이 몸 안으로 들어오다.

4. **밥을** 구다 ➡ 먹지 못하다.

5. **계란을** 사다 ➡ 무언가를 물에 넣고 끓이다.

겹받침 ㄻ이 들어간 단어의 겹받침에 ○를 치면서 단어를 읽고, 알맞은 뜻을 연결시켜 봅시다.

1. **닮다**   •   •   비슷하게 생기다.

2. **젊다**   •   •   나이가 적다.

3. **굶다**   •   •   병균이 몸 안으로 들어오다.

4. **옮다**   •   •   먹지 못하다.

5. **삶다**   •   •   무언가를 물에 넣고 끓이다.

겹받침 ㄻ이 들어간 단어의 받침에 ○를 치면서 읽고, 단어를 가림판으로 가리고 기억하여 쓴 후, 맞게 썼는지 확인해 봅시다. 그다음, 단어를 세 번 더 반복해서 써 봅시다.

3
차시

겹받침 ㄻ에 ○를 치면서 읽기	기억하여 쓰기	반복 쓰기	반복 쓰기	반복 쓰기
닮다				
젊다				
굶다				
옮다				
삶다				

〈보기〉에서 빈칸에 알맞은 단어를 골라 적으세요.

01 동생과 내가 ☐☐☐☐☐ .

● 보기 ●
① 닯다 ② 닮다 ③ 닳다

02 다리가 ☐☐☐☐☐ .

● 보기 ●
① 국다 ② 굵다 ③ 굶다

03 밥을 ☐☐☐☐☐ .

● 보기 ●
① 굶다 ② 굵다 ③ 궄다

04 보름달이 ☐☐☐☐☐ .

● 보기 ●
① 밝다 ② 밟다 ③ 박다

05 할머니가 ☐☐☐☐☐ .

● 보기 ●
① 늙다 ② 늫다 ③ 늚다

06 책을 [   ] .

● 보기 ●
① 읽다   ② 있다   ③ 익다

07 병이 [   ] .

● 보기 ●
① 옮다   ② 옳다   ③ 옭다

08 날씨가 [   ] .

● 보기 ●
① 맜다   ② 맑다   ③ 막다

다음 문장들의 단어에 겹받침 ㄹㄱ, ㄹㅍ 중 알맞은 받침을 적어 넣어 봅시다.

1. 아빠와 다다.

2. 가려워서 ㄱ다.

3. 달걀을 사다.

4. 저녁을 ㄱ다.

5. 달이 바다.

6. 책을 이다.

7. 우리는 아직 저다.

8. 나이가 들어서 느다.

9. 팔뚝이 ㄱ다.

10. 꽃이 부다.

11. 날씨가 마다.

12. 감기가 오다.

이전 활동에서 완성한 단어들을 같은 받침을 가진 단어끼리 단어 카드(✂
〈✂ 부록 4쪽〉)를 사용하여 붙여 봅시다. 그다음, 받침별로 소리 내어 읽어
봅시다.

3
차시

겹받침 ㄺ	겹받침 ㄼ

사후평가

"선생님이 불러 주는 단어를 받아 적는 문제입니다. 잘 듣고, 답안지에 단어를 받아 적어 보세요."

(정답지 p. 151에 평가 문항 제시)

번호	단어(발음)
1	
2	
3	
4	
5	
6	
7	
8	

02

음운 변동이 적용되는
겹받침 단어

일러두기(1차시)

음운 변동 규칙: 연음 법칙

앞글자에 겹받침이 있고 뒷글자가 'ㅇ'으로 시작되면, 앞글자 받침 두 개 중 뒤에 있는 받침이 글자 'ㅇ'으로 옮겨 와서 발음된다.
예) 젊 + 어 → [절머]
　　늙 + 어 → [늘거]

음운 변동이 적용되는 단어의 단어인지 및 철자 교수법

음운 변동이 적용되는 단어의 단어인지 및 철자 교수법은 1) 표기처리 중심 철자 교수법과 2) 형태처리 중심 철자 교수법이 결합된 형태의 교수법으로 실시하는 것이 효과적이다.

표기처리 중심 철자 교수법

표기처리 중심 철자 교수법은 단어의 발음뿐 아니라 단어의 시각적인 형태에도 초점을 맞추어 가르치는 교수법이다. 한글의 경우에는 음운 변동 규칙을 가르침으로써, 단어의 시각적인 형태에 초점을 맞추도록 가르친다. 각 음운 변동별로 단어들을 묶어서 해당 음운 변동 규칙을 명시적으로 가르치고(예, 연음 법칙이 적용되는 단어: 넓은, 읽었다, 젊은, 앉아), 같은 음운 변동이 적용되는 단어들끼리 분류하는 활동(word sorting; 예, 넓은, 읽었다, 젊은, 앉아 – 연음 vs. 뚫고, 끓게, 옳지, 많지 – 축약) 등을 실시하는 것이 필요하다. 또한 겹받침의 시각적인 형태를 강조하기 위해 겹받침에 ○를 치는 활동 등을 활용할 수 있다.

형태처리 중심 철자 교수법

형태처리 중심 철자 교수법은 단어의 형태적 구조(morphological structure)를 명시적으로 가르치는 교수법이다. 특히 한글의 경우에는 용언의 기본형과 용언의 변형을 연결 지어 교수하는 방법이 효과적인 것으로 밝혀졌다. 즉, 용언의 어간과 어미를 명시적으로 가르치고, 어미별로 단어를 분류하는 활동 등을 실시하는 것이 필요하다.

가리고 – 기억하여 쓰고 – 비교하기

가리고, 기억하여 쓰고, 비교하기(cover, copy, compare)는 자기 교정법에 속하는 활동이다. 학생에게 단어를 보여 준 다음, 단어를 가리고(cover), 약간의 시간(예, 약 3초)을 주어 학생이 단어를 기억하여 쓰도록 하고(copy), 그다음 다시 단어를 보여 주어 해당 단어와 자신의 답을 비교하여 답을 확인하게 한다(compare). 이때, 각 단어의 겹받침에 ○를 치도록 하여, 학생들이 겹받침의 시각적 형태에 주의를 기울이도록 한다.

단어 분류하기

단어 분류하기는 단어를 구체적인 기준에 따라 구분하는 활동을 의미한다. 예를 들어, 같은 음운 변동 규칙이 적용되는 단어들끼리 구분하는 활동 등이 이에 해당한다.

1차시 　겹받침 연음 - (1) 겹받침 ㄹㄱ, ㄴㅈ, ㄹㅂ, ㄹㅁ + 'ㅇ'시작 단어: 젊어

 학습목표

겹받침 ㄹㄱ, ㄴㅈ, ㄹㅂ, ㄹㅁ + 'ㅇ'시작 단어(연음 법칙이 적용되는 단어)를 정확하게 읽고 쓸 수 있다.

1 차시

사전평가

"선생님이 불러 주는 단어를 받아 적는 문제입니다. 잘 듣고, 답안지에 단어를 받아 적어 보세요."

(정답지 p. 152에 평가 문항 제시)

번호	단어(발음)
1	
2	
3	
4	
5	
6	
7	
8	

수업

다음 네모 안의 글자들을 읽어 봅시다. 1)과 2)의 발음이 어떻게 다른지 비교해 봅시다.

1) 젊   어   2) 젊어

음운 변동 규칙 소개하기: 연음 법칙

앞글자에 겹받침이 있고 뒷글자가 'ㅇ'으로 시작되면, 앞글자 겹받침 중 뒤에 있는 받침이 뒷글자 'ㅇ' 자리로 넘어가서 발음된다.

젊어   ➡   절머

앞글자 겹받침 중 두 번째 글자와 뒷글자 'ㅇ'에 ○를 치고, 둘을 화살표로 이으면서 읽어 보세요.

| 젊어 | ➡ | 절 머 |

늙어	늙었다	늙은
늙어	늙었다	늙은
넓어	넓었다	넓은
닮아	닮았다	닮은
붉어	붉었다	붉은
삶아	삶았다	삶은
앉아	앉았다	앉은
얇아	얇았다	얇은
없어	없었다	없은
옮아	옮았다	옮은
짧아	짧았다	짧은

〈보기〉에서 빈칸에 알맞은 단어를 골라 적으세요.

01 [ ] 장미가 너무 예쁘다.
보기
① 붉은 ② 불은 ③ 붉근 ④ 붉은

02 바다가 [ ] 보인다.
보기
① 넓어 ② 넓어 ③ 넗어 ④ 널버

03 나는 아빠랑 [ ] 좋다.
보기
① 닮아 ② 달아 ③ 닭아 ④ 닿아

04 학교에서 감기에 [ ].
보기
① 옳았다 ② 옮았다 ③ 옮았다 ④ 올맜다

05 가려워서 등을 [ ].
보기
① 글겄다 ② 긁겄다 ③ 긁었다 ④ 긇었다

06 어깨에 손을 ⬚⬚⬚ .

● 보기 ●
① 엃었다   ② 언젓다   ③ 엃젓다   ④ 얹었다

07 책 두께가 ⬚⬚⬚ .

● 보기 ●
① 얄밨다   ② 얇았다   ③ 얇밨다   ④ 얄았다

08 힘들어서 한참을 ⬚⬚⬚ 쉬었다.

● 보기 ●
① 않아서   ② 앉아서   ③ 않자서   ④ 앉자서

09 ⬚⬚⬚ 치마를 입었다.

● 보기 ●
① 짧은   ② 짧은   ③ 짤은   ④ 짤븐

10 노인은 나이가 들어 ⬚⬚⬚ 사람이다.

● 보기 ●
① 늙은   ② 늘은   ③ 늟은   ④ 늑은

> 〈보기〉에서 빈칸에 알맞은 단어를 찾아 쓰세요.

● 보기 ●
삶은, 늙은, 넓어서, 얇은, 짧았다, 얹어,
긁었다, 앉았다, 옮아, 붉은, 닮아서

1. 등이 가려워서 [   ].

2. 너무 [   ] 호박은 먹을 수 없다.

3. 내 친구는 마음이 [   ] 친구들을 자주 도와 준다.

4. 쌍둥이가 너무 [   ] 구분하기 어렵다.

5. [   ] 노을은 아름답다.

6. 나는 친구와 나란히 [   ].

7. 너무 [   ] 옷을 입어서 춥다.

8. 책을 책상 위에 [   ] 놓았다.

9. 불이 옆집으로 [   ] 붙었다.

10. 쉬는 시간이 너무 [   ].

11. 나는 [   ] 달걀을 좋아한다.

앞글자의 겹받침 중 두 번째 글자와 뒷글자 'ㅇ'에 ◯를 치고 둘을 화살표로 이으면서 단어를 읽으세요. 그다음, 단어를 가림판으로 가리고 기억하여 쓴 후, 맞게 썼는지 확인해 봅시다. 그리고 단어를 세 번 더 반복해서 써 봅시다.

앞글자 겹받침 중 두 번째 글자와 뒷글자 'ㅇ'에 ◯를 치면서 읽기	기억하여 쓰기	반복 쓰기	반복 쓰기	반복 쓰기
긁었다				
늙었다				
넓었다				
닮았다				
맑았다				
밝았다				
붉었다				
삶았다				
앉았다				
얇았다				

1
차시

다음 단어의 어간(변하지 않는 글자)에 ○를 치면서 단어를 읽어 보세요.

굵어	굵었다	굵은
늙어	늙었다	늙은
넓어	넓었다	넓은
닮아	닮았다	닮은
붉어	붉었다	붉은
삶아	삶았다	삶은
앉아	앉았다	앉은
얇아	얇았다	얇은
없어	없었다	없은
옮아	옮았다	옮은
짧아	짧았다	짧은

다음 단어의 어미에 ○를 치면서 단어를 읽어 보세요.

어간	어미
젊	아/어 았다/었다 은

굵어	굵었다	굵은
늙어	늙었다	늙은
넓어	넓었다	넓은
닮아	닮았다	닮은
붉어	붉었다	붉은
삶아	삶았다	삶은
앉아	앉았다	앉은
얇아	얇았다	얇은
얹어	얹었다	얹은
옮아	옮았다	옮은
짧아	짧았다	짧은

다음 문장들의 단어에 알맞은 받침을 적어 넣어 봅시다.

1. 통이 **너**은 바지

2. 나는 엄마와 많이 **다**았다.

3. 부부는 서로 **다**아 간다.

4. **부**은 빛이 도는 사과

5. 너무 힘이 들어서 **주저**아았다.

6. 가려워서 **그**었다.

7. **야**은 기름층이 생겼다.

8. 국수를 **사**았다.

9. 눈병이 **오**은 것 같다.

10. 낮이 **짜**아 어느새 해가 졌다.

이전 활동에서 완성한 단어들을 같은 받침과 같은 어미를 가진 단어끼리 단어 카드(✂ 〈부록 5쪽〉)를 사용하여 붙여 봅시다. 그다음, 받침별로 소리 내어 읽어 봅시다.

1
차시

	겹받침 ㄺ	겹받침 ㄻ	겹받침 ㄵ	겹받침 ㄼ
-어/아				
-았다/었다				
-은/는				

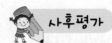
사후평가

"선생님이 불러 주는 단어를 받아 적는 문제입니다. 잘 듣고, 답안지에 단어를 받아 적어 보세요."

(정답지 p. 152에 평가 문항 제시)

번호	단어(발음)
1	
2	
3	
4	
5	
6	
7	
8	

일러두기(2차시)

음운 변동 규칙: 연음 법칙

앞글자 겹받침에 'ㅅ'이 있고, 뒷글자가 'ㅇ'으로 시작되면, 앞글자 받침 'ㅅ'
이 뒷글자 'ㅇ'으로 넘어와서 더 세게 발음된다.
예) 없 + 어   → [업써]
　　가 + 없 + 어 → [가업써]

음운 변동이 적용되는 단어의 단어인지 및 철자 교수법

음운 변동이 적용되는 단어의 단어인지 및 철자 교수법은 1) 표기처리 중심
철자 교수법과 2) 형태처리 중심 철자 교수법이 결합된 형태의 교수법으로 실
시하는 것이 효과적이다.

표기처리 중심 철자 교수법

표기처리 중심 철자 교수법은 단어의 발음뿐 아니라 단어의 시각적인 형태에
도 초점을 맞추어 가르치는 교수법이다. 한글의 경우에는 음운 변동 규칙을
가르침으로써, 단어의 시각적인 형태에 초점을 맞추도록 가르친다. 각 음운
변동별로 단어들을 묶어서 해당 음운 변동 규칙을 명시적으로 가르치고(예,
연음 법칙이 적용되는 단어: 넓은, 읽었다, 젊은, 앉아), 같은 음운 변동이 적
용되는 단어들끼리 분류하는 활동(word sorting; 예, 넓은, 읽었다, 젊은, 앉
아 – 연음 vs. 뚫고, 끊게, 옳지, 많지 – 축약) 등을 실시하는 것이 필요하
다. 또한 겹받침의 시각적인 형태를 강조하기 위해 겹받침에 ○를 치는 활동
등을 활용할 수 있다.

형태처리 중심 철자 교수법

형태처리 중심 철자 교수법은 단어의 형태적 구조(morphological structure)
를 명시적으로 가르치는 교수법이다. 특히 한글의 경우에는 용언의 기본형과
용언의 변형을 연결 지어 교수하는 방법이 효과적인 것으로 밝혀졌다. 즉, 용
언의 어간과 어미를 명시적으로 가르치고, 어미별로 단어를 분류하는 활동 등
을 실시하는 것이 필요하다.

가리고 – 기억하여 쓰고 – 비교하기

가리고, 기억하여 쓰고, 비교하기(cover, copy, compare)는 자기 교정법에
속하는 활동이다. 학생에게 단어를 보여 준 다음, 단어를 가리고(cover), 약
간의 시간(예, 약 3초)을 주어 학생이 단어를 기억하여 쓰도록 하고(copy),
그다음 다시 단어를 보여 주어 해당 단어와 자신의 답을 비교하여 답을 확인
하게 한다(compare). 이때, 각 단어의 겹받침에 ○를 치도록 하여, 학생
들이 겹받침의 시각적 형태에 주의를 기울이도록 한다.

단어 분류하기

단어 분류하기는 단어를 구체적인 기준에 따라 구분하는 활동을 의미한다. 예
를 들어, 같은 음운 변동 규칙이 적용되는 단어들끼리 구분하는 활동 등이 이
에 해당한다.

2차시 겹받침 연음 – (2) 겹받침 ㅄ + 'ㅇ'시작 단어: 없어

 학습목표

겹받침 ㅄ + 'ㅇ'시작 단어(연음 법칙이 적용되는 단어)를 정확하게 읽고 쓸 수 있다.

 사전평가

"선생님이 불러 주는 단어를 받아 적는 문제입니다. 잘 듣고, 답안지에 단어를 받아 적어 보세요."

(정답지 p. 153에 평가 문항 제시)

번호	단어(발음)
1	
2	
3	
4	
5	
6	
7	
8	

수업

다음 네모 안의 글자들을 읽어 봅시다. 1)과 2)의 발음이 어떻게 다른지 비교해 봅시다.

1)

| 없 | 어 |

2)

| 없어 |

2 차시

음운 변동 규칙 소개하기: 연음 법칙

앞글자의 겹받침에 'ㅅ'이 있고, 뒷글자가 'ㅇ'으로 시작되면, 앞글자 받침 'ㅅ'이 뒷글자 'ㅇ'으로 넘어와서 더 세게 발음된다.

없어   업 써

앞글자 겹받침 중 'ㅅ'과 뒷글자 'ㅇ'에 ○를 치고, 둘을 화살표로 이으면서 읽어 보세요.

| 없어 | ➡ | 업 써 |

가엾어	가엾이	가엾었다
난데없어	난데없이	난데없었다
어이없어	어이없이	어이없었다
없어	없이	없었다

〈보기〉에서 빈칸에 알맞은 단어를 골라 적으세요.

01   책이 ⬜ 야단맞았다.

● 보기 ●

① 업써   ② 없써   ③ 없어   ④ 업서

02   책이 ⬜ .

● 보기 ●

① 없었다   ② 입었다   ③ 었었다   ④ 없섰다

03   책 ⬜ 수업을 했다.

● 보기 ●

① 업이   ② 없시   ③ 없이   ④ 었시

04   거지가 ⬜ .

● 보기 ●

① 가엾었다   ② 가엾었다   ③ 가였었다   ④ 가엽섰다

05   철수가 ⬜ 나타났다.

● 보기 ●

① 난데없시   ② 난데없이   ③ 난데업시   ④ 난데업이

〈보기〉에서 빈칸에 알맞은 단어를 찾아 쓰세요.

● 보기 ●

가엾어, 난데없이, 어이없었다, 없었다, 어이없이,
난데없었다, 가엾이, 어이없어, 없이, 가엾었다

1. 울고 있는 아이가 [　　　　] 보인다.

2. 나라를 위해 싸우다 죽은 주인공이 [　　　　].

3. 자살골을 넣는 바람에 [　　　　] 지고 말았다.

4. 그의 거짓말에 속았다니 참 [　　　　].

5. 놀이터에 아무도 [　　　　].

6. 거짓 소문을 듣고 [　　　　] 헛웃음이 나왔다.

7. 친구들이 [　　　　] 우리 집에 들이닥쳤다.

8. 맑은 날씨에 갑자기 천둥이라니, 참으로 [　　　　].

9. 다리가 부러진 제비를 [　　　　] 여긴 흥부

10. 아무런 사고 [　　　　] 여행을 잘 마쳤다.

앞글자의 겹받침 중 'ㅅ'과 뒷글자 'ㅇ'에 ○를 치고 둘을 화살표로 이으면서 단어를 읽으세요. 그다음, 단어를 가림판으로 가리고 기억하여 쓴 후, 맞게 썼는지 확인해 봅시다. 그리고 단어를 세 번 더 반복해서 써 봅시다.

앞글자 겹받침 중 'ㅅ'과 뒷글자 'ㅇ'에 ○를 치면서 읽기	기억하여 쓰기	반복 쓰기	반복 쓰기	반복 쓰기
가엾이				
난데없이				
어이없이				
없이				
가엾었다				
난데없었다				
어이없었다				
없었다				

2
차시

다음 단어의 어간(변하지 않는 글자)에 ○를 치면서 단어를 읽어 보세요.

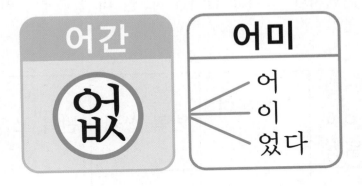

가없어	**가없이**	**가없었다**
난데없어	**난데없이**	**난데없었다**
어이없어	**어이없이**	**어이없었다**
없어	**없이**	**없었다**

다음 단어의 어미에 ○를 치면서 단어를 읽어 보세요.

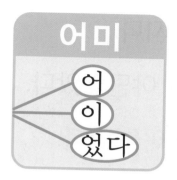

가엾어	가엾이	가엾었다
난데없어	난데없이	난데없었다
어이없어	어이없이	어이없었다
없어	없이	없었다

다음 문장들의 단어에 알맞은 받침을 적어 넣어 봅시다.

1. **어이어이** 지다.

2. 책이 **어어** 야단맞았다.

3. 소문이 **어이어었다**.

4. 거지가 **가여었다**.

5. 거지가 **가여어** 돈을 주다.

6. 거지를 **가여이** 여기다.

7. 철수의 등장은 **난데어었다**.

8. **어이어어** 웃음이 나왔다.

9. 책이 **어었다**.

10. 책이 **어이** 수업을 하다.

11. 철수의 등장이 **난데어어** 놀랐다.

12. **난데어이** 나타나다.

이전 활동에서 완성한 단어들을 같은 어미를 가진 단어끼리 단어 카드(✂ 〈부록 5쪽〉)를 사용하여 붙여 봅시다. 그다음, 어미별로 소리 내어 읽어 봅시다.

2차시

	겹받침 ㅄ
-았다/었다	
-어/아	
-이	

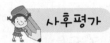 사후평가

"선생님이 불러 주는 단어를 받아 적는 문제입니다. 잘 듣고, 답안지에 단어를 받아 적어 보세요."

(정답지 p. 153에 평가 문항 제시)

번호	단어(발음)
1	
2	
3	
4	
5	
6	
7	
8	

일러두기(3차시)

음운 변동 규칙: ㅎ 탈락 + 연음 법칙

앞글자의 겹받침에 'ㅎ'이 있고 뒷글자가 'ㅇ'으로 시작되면, 'ㅎ'은 소리 나지 않고, 앞글자의 남은 받침은 'ㅇ' 자리로 넘어가서 발음된다.
예) 잃 + 어 → [이러]
　　많 + 은 → [마는]

음운 변동이 적용되는 단어의 단어인지 및 철자 교수법

음운 변동이 적용되는 단어의 단어인지 및 철자 교수법은 1) 표기처리 중심 철자 교수법과 2) 형태처리 중심 철자 교수법이 결합된 형태의 교수법으로 실시하는 것이 효과적이다.

표기처리 중심 철자 교수법

표기처리 중심 철자 교수법은 단어의 발음뿐 아니라 단어의 시각적인 형태에도 초점을 맞추어 가르치는 교수법이다. 한글의 경우에는 음운 변동 규칙을 가르침으로써, 단어의 시각적인 형태에 초점을 맞추도록 가르친다. 각 음운 변동별로 단어들을 묶어서 해당 음운 변동 규칙을 명시적으로 가르치고(예, ㅎ 탈락 연음 법칙이 적용되는 단어: 끊어, 많아, 잃어), 같은 음운 변동이 적용되는 단어들끼리 분류하는 활동(word sorting; 예, 끊어, 많아, 잃어 — ㅎ 탈락 연음 vs. 뚫고, 옳고, 많지 — 축약) 등을 실시하는 것이 필요하다. 또한 겹받침의 시각적인 형태를 강조하기 위해 겹받침에 ○를 치는 활동 등을 활용할 수 있다.

형태처리 중심 철자 교수법

형태처리 중심 철자 교수법은 단어의 형태적 구조(morphological structure)를 명시적으로 가르치는 교수법이다. 특히 한글의 경우에는 용언의 기본형과 용언의 변형을 연결 지어 교수하는 방법이 효과적인 것으로 밝혀졌다. 즉, 용언의 어간과 어미를 명시적으로 가르치고, 어미별로 단어를 분류하는 활동 등을 실시하는 것이 필요하다.

가리고 – 기억하여 쓰고 – 비교하기

가리고, 기억하여 쓰고, 비교하기(cover, copy, compare)는 자기 교정법에 속하는 활동이다. 학생에게 단어를 보여 준 다음, 단어를 가리고(cover), 약간의 시간(예, 약 3초)을 주어 학생이 단어를 기억하여 쓰도록 하고(copy), 그다음 다시 단어를 보여 주어 해당 단어와 자신의 답을 비교하여 답을 확인하게 한다(compare). 이때, 각 단어의 겹받침에 ○를 치도록 하여, 학생들이 겹받침의 시각적 형태에 주의를 기울이도록 한다.

단어 분류하기

단어 분류하기는 단어를 구체적인 기준에 따라 구분하는 활동을 의미한다. 예를 들어, 같은 음운 변동 규칙이 적용되는 단어들끼리 구분하는 활동 등이 이에 해당한다.

104

3차시 겹받침 ㅎ 탈락 연음 – 겹받침 ㅀ, ㄶ + 'ㅇ'시작 단어: 잃어

학습목표

앞글자의 겹받침에 'ㅎ'이 있고 뒷글자가 'ㅇ'으로 시작하는 단어(ㅎ 탈락 + 연음 법칙이 적용되는 단어)를 정확하게 읽고 쓸 수 있다.

사전평가

"선생님이 불러 주는 단어를 받아 적는 문제입니다. 잘 듣고, 답안지에 단어를 받아 적어 보세요."

(정답지 p. 154에 평가 문항 제시)

번호	단어(발음)
1	
2	
3	
4	
5	
6	
7	
8	

수업

다음 네모 안의 글자들을 읽어 봅시다. 1)과 2)의 발음이 어떻게 다른지 비교해 봅시다.

1) 잃 어 2) 잃어

3 차시

음운 변동 규칙 소개하기: ㅎ 탈락 + 연음 법칙

앞글자의 겹받침에 'ㅎ'이 있고 뒷글자가 'ㅇ'으로 시작되면, 'ㅎ'은 소리 나지 않고, 앞글자의 남은 받침은 'ㅇ' 자리로 넘어가서 발음된다.

잃어 이러

앞글자 겹받침 중 받침 'ㅎ'에 × 표시를 하고, 나머지 받침과 뒷글자 'ㅇ'에 ○를 치세요. 그다음 ○를 친 둘을 화살표로 이으면서, ○를 한 앞글자 받침을 뒷글자 'ㅇ' 자리에 옮겨 넣어 읽어 보세요.

| 잃어 | ➡ | 이러 |

곯아	곯았다	곯은
닳아	닳았다	닳은
많아	많았다	많은
않아	않았다	않은
끊어	끊었다	끊은
끓어	끓었다	끓은
뚫어	뚫었다	뚫은
옳아	옳았다	옳은
잃어	잃었다	잃은
싫어	싫었다	싫은
앓아	앓았다	앓은
괜찮아	괜찮았다	괜찮은
점잖아	점잖았다	점잖은

> 〈보기〉에서 빈칸에 알맞은 단어를 골라 적으세요.

01 돈을 ☐ 버렸다.

● 보기 ●
① 잃어   ② 일어   ③ 읽어   ④ 이러

02 물이 ☐ .

● 보기 ●
① 끓었다   ② 끓었다   ③ 끄렀다   ④ 끓렀다

03 나는 철수가 ☐ .

● 보기 ●
① 실었다   ② 싫었다   ③ 싫었다   ④ 시렀다

04 숙제가 ☐ .

● 보기 ●
① 많았다   ② 만았다   ③ 많았다   ④ 마났다

05 사과가 ☐ .

● 보기 ●
① 곳았다   ② 골았다   ③ 곯았다   ④ 고랐다

06 감기를 ⬜⬜⬜⬜ .

━━━━━━━ ● 보기 ● ━━━━━━━
① 앍았다   ② 앓았다   ③ 알았다   ④ 아랐다

07 종이에 구멍을 ⬜⬜⬜⬜ 줘.

━━━━━━━ ● 보기 ● ━━━━━━━
① 뚥어   ② 뚧어   ③ 뚜러   ④ 뚫어

08 신발이 ⬜⬜⬜⬜ 구멍이 나다.

━━━━━━━ ● 보기 ● ━━━━━━━
① 달아   ② 닳아   ③ 달라   ④ 닭아

09 길을 ⬜⬜⬜⬜ .

━━━━━━━ ● 보기 ● ━━━━━━━
① 잃었다   ② 읽었다   ③ 잊었다   ④ 이렀다

10 남학생이 ⬜⬜⬜⬜ 보였다.

━━━━━━━ ● 보기 ● ━━━━━━━
① 점잔아   ② 점잖아   ③ 점자나   ④ 점잖아

<보기>에서 빈칸에 알맞은 단어를 찾아 쓰세요.

● 보기 ●

곯아서, 많은, 않았다, 끊어, 뚫었다, 옳은, 잃었다, 괜찮은, 닳아서, 끓었다

1. 참외가 [   ] 먹을 수가 없다.

2. 산 속에서 길을 [   ].

3. 국이 펄펄 [   ].

4. 처음치고는 [   ] 솜씨다.

5. 바지가 [   ] 새 바지를 샀다.

6. [   ] 결정을 내리기 바란다.

7. 고무줄을 [   ] 버렸다.

8. 막힌 하수구를 [   ].

9. 그는 말을 하지 [   ].

10. 공원은 [   ] 사람들로 붐볐다.

3차시

앞글자의 겹받침 중 'ㅎ'에 × 표시를 하고 나머지 받침과 뒷글자 'ㅇ'에 ○를 치면서 단어를 읽으세요. 그다음, 단어를 가림판으로 가리고 기억하여 쓴 후, 맞게 썼는지 확인해 봅시다. 그리고 단어를 세 번 더 반복해서 써 봅시다.

앞글자의 겹받침 중 'ㅎ'에 × 표시를 하고 나머지 받침과 뒷글자 'ㅇ'에 ○를 치면서 읽기	기억하여 쓰기	반복 쓰기	반복 쓰기	반복 쓰기
곯았다				
많았다				
않아서				
끊은				
뚫어서				
옳아				
잃었다				
괜찮은				
닳았다				
끓었다				

다음 단어의 어간(변하지 않는 글자)에 ○를 치면서 단어를 읽어 보세요.

3
차시

곯아	곯았다	곯은
닳아	닳았다	닳은
많아	많았다	많은
않아	않았다	않은
끊어	끊었다	끊은
끓어	끓었다	끓은
뚫어	뚫었다	뚫은
옳아	옳았다	옳은
싫어	싫었다	싫은
앓아	앓았다	앓은
괜찮아	괜찮았다	괜찮은
점잖아	점잖았다	점잖은

다음 단어의 어미에 ○를 치면서 단어를 읽어 보세요.

곯아	곯았다	곯은
닳아	닳았다	닳은
많아	많았다	많은
않아	않았다	않은
끊어	끊었다	끊은
끓어	끓었다	끓은
뚫어	뚫었다	뚫은
옳아	옳았다	옳은
싫어	싫었다	싫은
앓아	앓았다	앓은
괜찮아	괜찮았다	괜찮은
점잖아	점잖았다	점잖은

다음 문장들의 단어에 알맞은 받침을 적어 넣어 봅시다.

1. 줄을 끄어 보아라.
2. 병을 아았다.
3. 돈을 이어 버렸다.
4. 하기 시어!
5. 네가 점자아 좋다.
6. 네가 오아!
7. 사과가 고았다.
8. 나는 철수가 시었다.
9. 신발이 다아 구멍이 나다.
10. 숙제가 마았다.
11. 종이에 구멍 좀 뚜어 줘.
12. 밥이 맛있지 아아.
13. 무릎을 꾸었다.
14. 돈을 이었다.
15. 볼수록 괜차았다.
16. 철수가 고무줄을 끄었다.
17. 학교에서 다치는 일이 심심차았다.
18. 난 괜차아!

이전 활동에서 완성한 단어들을 같은 받침과 같은 어미를 가진 단어끼리 단어 카드(✂ 〈부록 5쪽〉)를 사용하여 붙여 봅시다. 그다음, 받침별로 소리 내어 읽어 봅시다.

	겹받침 ㄹㅎ	겹받침 ㄴㅎ
-았다/었다		
-아/어		

 **사후평가**

"선생님이 불러 주는 단어를 받아 적는 문제입니다. 잘 듣고, 답안지에 단어를 받아 적어 보세요."

(정답지 p. 154에 평가 문항 제시)

번호	단어(발음)
1	
2	
3	
4	
5	
6	
7	
8	

3
차시

일러두기(4차시)

축약 법칙

앞글자의 겹받침에 'ㅎ'이 있고, 뒷글자가 'ㄱ, ㄷ, ㅈ'으로 시작되면 앞글자 겹받침의 'ㅎ'과 뒷글자의 ㄱ, ㄷ, ㅈ이 합해져서 뒷글자는 ㅋ, ㅌ, ㅊ으로 발음되고 앞글자는 남은 받침으로 발음된다.

예) 뚫 + 고 → [뚤코]
  잃 + 고 → [일코]

음운 변동이 적용되는 단어의 단어인지 및 철자 교수법

음운 변동이 적용되는 단어의 단어인지 및 철자 교수법은 1) 표기처리 중심 철자 교수법과 2) 형태처리 중심 철자 교수법이 결합된 형태의 교수법으로 실시하는 것이 효과적이다.

표기처리 중심 철자 교수법

표기처리 중심 철자 교수법은 단어의 발음뿐 아니라 단어의 시각적인 형태에도 초점을 맞추어 가르치는 교수법이다. 한글의 경우에는 음운 변동 규칙을 가르침으로써, 단어의 시각적인 형태에 초점을 맞추도록 가르친다. 각 음운 변동별로 단어들을 묶어서 해당 음운 변동 규칙을 명시적으로 가르치고(예, 뚫고, 끓게, 옳지, 많지 − 축약), 같은 음운 변동이 적용되는 단어들끼리 분류하는 활동(word sorting; 예, 뚫고, 끓게, 옳지, 많지 − 축약 vs. 넓은, 읽었다, 젊은, 앉아− 연음) 등을 실시하는 것이 필요하다. 또한 겹받침의 시각적인 형태를 강조하기 위해 겹받침에 ○를 치는 활동 등을 활용할 수 있다.

형태처리 중심 철자 교수법

형태처리 중심 철자 교수법은 단어의 형태적 구조(morphological structure)를 명시적으로 가르치는 교수법이다. 특히 한글의 경우에는 용언의 기본형과 용언의 변형을 연결 지어 교수하는 방법이 효과적인 것으로 밝혀졌다. 즉, 용언의 어간과 어미를 명시적으로 가르치고, 어미별로 단어를 분류하는 활동 등을 실시하는 것이 필요하다.

가리고 − 기억하여 쓰고 − 비교하기

가리고, 기억하여 쓰고, 비교하기(cover, copy, compare)는 자기 교정법에 속하는 활동이다. 학생에게 단어를 보여 준 다음, 단어를 가리고(cover), 약간의 시간(예, 약 3초)을 주어 학생이 단어를 기억하여 쓰도록 하고(copy), 그다음 다시 단어를 보여 주어 해당 단어와 자신의 답을 비교하여 답을 확인하게 한다(compare). 이때, 각 단어의 겹받침에 ○를 치도록 하여, 학생들이 겹받침의 시각적 형태에 주의를 기울이도록 한다.

단어 분류하기

단어 분류하기는 단어를 구체적인 기준에 따라 구분하는 활동을 의미한다. 예를 들어, 같은 음운 변동 규칙이 적용되는 단어들끼리 구분하는 활동 등이 이에 해당한다.

4차시 겹받침 축약 - 겹받침 ㅀ, ㄶ + 'ㄱ, ㄷ, ㅈ' 시작 단어: 뚫고, 않고

 **학습목표**

앞글자의 겹받침에 'ㅎ'이 있고 뒷글자가 'ㄱ, ㄷ, ㅈ'으로 시작하는 단어(축약 법칙이 적용되는 단어)를 정확하게 읽고 쓸 수 있다.

 사전평가

"선생님이 불러 주는 단어를 받아 적는 문제입니다. 잘 듣고, 답안지에 단어를 받아 적어 보세요."

(정답지 p. 155에 평가 문항 제시)

4차시

번호	단어(발음)
1	
2	
3	
4	
5	
6	
7	
8	

수업

다음 네모 안의 글자들을 읽어 봅시다. 1)과 2)의 발음이 어떻게 다른지 비교해 봅시다.

1)

뚫   고

2)

뚫고

음운 변동 규칙 소개하기: 축약 법칙

앞글자의 겹받침에 'ㅎ'이 있고 뒷글자가 'ㄱ, ㄷ, ㅈ'으로 시작되면, 앞글자의 겹받침 'ㅎ'과 뒷글자의 'ㄱ, ㄷ, ㅈ'이 합쳐져서 뒷글자는 'ㅋ, ㅌ, ㅊ'으로 발음되고, 앞글자의 남은 받침은 그대로 발음된다.

뚫고   ➡   뚤코

앞글자의 겹받침 중 'ㅎ'과 뒷글자 'ㄱ'에 ○를 치고, 둘을 합쳐서 'ㅋ' 소리
로 바꾸면서 읽어 보세요.

뚫고 ➡ 뚤코

끊고	끊게
끓고	끓게
닳고	닳게
뚫고	뚫게
많고	많게
싫고	싫게
않고	않게
앓고	앓게
옳고	옳게
잃고	잃게
괜찮고	괜찮게
점잖고	점잖게
편찮고	편찮게
심심찮고	심심찮게

4
차시

앞글자의 겹받침 중 'ㅎ'과 뒷글자 'ㄷ'에 ○를 치고, 둘을 합쳐서 'ㅌ' 소리로 바꾸면서 읽어 보세요.

뚫다 ➡ 뚤타

끊다	끊던
끓다	끓던
닳다	닳던
뚫다	뚫던
많다	많던
싫다	싫던
않다	않던
앓다	앓던
옳다	옳던
잃다	잃던
괜찮다	괜찮던
점잖다	점잖던
편찮다	편찮던
심심찮다	심심찮던

앞글자의 겹받침 중 'ㅎ'과 뒷글자 'ㅈ'에 ○를 치고, 둘을 합쳐서 'ㅊ' 소리
로 바꾸면서 읽어 보세요.

    ➡   뚤치

끊지

끓지

닳지

뚫지

많지

싫지

않지

앓지

옳지

잃지

괜찮지

점잖지

편찮지

심심찮지

〈보기〉에서 빈칸에 알맞은 단어를 골라 적으세요.

01 물이 [   ] 있다.

● 보기 ●

① 끌코   ② 끓코   ③ 끍고   ④ 끓고

02 길을 [   ] 마라.

● 보기 ●

① 일치   ② 잃치   ③ 잃이   ④ 잃지

03 감기를 [   ] .

● 보기 ●

① 앓다   ② 앓다   ③ 알타   ④ 앓타

04 내 신발이 [   ] 있다.

● 보기 ●

① 달고   ② 닳고   ③ 닳코   ④ 닮고

05 철수는 [   ] 조용하다.

● 보기 ●

① 점잖고   ② 점잔고   ③ 점잖코   ④ 점잔코

06 내 답을 ☐ 고쳤다.
● 보기 ●
① 옳개   ② 옳게   ③ 옮게   ④ 올게

07 저 옷 ☐ ?
● 보기 ●
① 괜찬치   ② 괜찮치   ③ 괭찮지   ④ 괜찮지

08 밥이 ☐ 않다.
● 보기 ●
① 많지   ② 만치   ③ 많이   ④ 많치

09 늦지 ☐ 와라.
● 보기 ●
① 않케   ② 안게   ③ 않게   ④ 않개

10 줄을 ☐ .
● 보기 ●
① 끊다   ② 끈타   ③ 끊타   ④ 끓다

〈보기〉에서 빈칸에 알맞은 단어를 찾아 쓰세요.

● 보기 ●

끊지, 옳지, 잃고, 끓고, 점잖게, 닳도록, 뚫기, 싫다, 많지, 괜찮게

1. 남을 속이는 것은 [   ] 않다.

2. 아이가 길을 [   ] 울고 있었다.

3. 물이 펄펄 [   ] 있다.

4. 터널을 [   ] 위해 공사 중이다.

5. 비가 와서 나가기가 [   ].

6. 그는 [   ] 말하고 행동했다.

7. 아빠는 담배를 [   ] 못하고 있다.

8. 연필이 다 [   ] 글씨 쓰기를 연습했다.

9. 나는 욕심이 그리 [   ] 않다.

10. 예전에는 피아노를 [   ] 쳤는데, 지금은 잘 치지 못한다.

앞글자의 겹받침과 뒷글자 'ㄱ, ㄷ, ㅈ'에 ○를 치면서 단어를 읽으세요. 그 다음, 단어를 가림판으로 가리고 기억하여 쓴 후, 맞게 썼는지 확인해 봅시다. 그리고 단어를 세 번 더 반복해서 써 봅시다.

4
차시

앞글자 겹받침과 뒷글자 'ㄱ, ㄷ, ㅈ'에 ○를 치면서 읽기	기억하여 쓰기	반복 쓰기	반복 쓰기	반복 쓰기
괜찮다				
끊던				
끓고				
닳게				
뚫지				
많게				
심심찮다				
싫던				
않고				
앓게				
옳지				
잃고				

다음 단어의 어간(변하지 않는 글자)에 ○를 치면서 단어를 읽어 보세요.

괜찮다	괜찮던	괜찮고	괜찮게	괜찮지
끊다	끊던	끊고	끊게	끊지
끓다	끓던	끓고	끓게	끓지
닳다	닳던	닳고	닳게	닳지
뚫다	뚫던	뚫고	뚫게	뚫지
많다	많던	많고	많게	많지
심심찮다	심심찮던	심심찮고	심심찮게	심심찮지
싫다	싫던	싫고	싫게	싫지
않다	않던	않고	않게	않지
앓다	앓던	앓고	앓게	앓지
옳다	옳던	옳고	옳게	옳지
잃다	잃던	잃고	잃게	잃지

다음 단어의 어미에 ○를 치면서 단어를 읽어 보세요.

괜찮다	괜찮던	괜찮고	괜찮게	괜찮지
끊다	끊던	끊고	끊게	끊지
끓다	끓던	끓고	끓게	끓지
닳다	닳던	닳고	닳게	닳지
뚫다	뚫던	뚫고	뚫게	뚫지
많다	많던	많고	많게	많지
심심찮다	심심찮던	심심찮고	심심찮게	심심찮지
싫다	싫던	싫고	싫게	싫지
않다	않던	않고	않게	않지
앓다	앓던	앓고	앓게	앓지
옳다	옳던	옳고	옳게	옳지
잃다	잃던	잃고	잃게	잃지

4
차시

다음 문장들의 단어에 알맞은 받침을 적어 넣어 봅시다.

1. 줄 **끄**지 마!
2. **점잖**게 앉아 있다.
3. 나는 고양이도 **시**고 강아지도 싫다.
4. 철수 소식이 **심심찬**게 들린다.
5. 무릎 **꾸**게 만들지 마라.
6. 넌 **점잖**지 못하구나!
7. 할일은 **마**고 시간은 없다.
8. 많이 걸어서 신발이 **다**다.
9. 어린아이가 참 **점잖**다.
10. 종이에 구멍을 **뚜**고 끈을 끼우다.
11. 볼수록 **괜찮**다.
12. 길을 **이**고 헤매다.
13. 물이 **끄**지 않는다.
14. 그 꽃은 예쁘지 **아**다.
15. 그건 **오**지 않다.
16. 감기를 **아**다.
17. 무릎을 **꾸**고 기도하다.
18. 물이 펄펄 **끄**다.
19. 산 속에서 길을 **이**지 않도록 주의해라!

이전 활동에서 완성한 단어들을 같은 받침과 같은 어미를 가진 단어끼리 단어 카드(✂ 〈부록 6쪽〉)를 사용하여 붙여 봅시다. 그다음, 받침별로 소리 내어 읽어 봅시다.

	겹받침 ㄹㅎ	겹받침 ㄴㅎ
+ㄱ (고)		
+ㅈ (지)		
+ㄱ (게)		
+ㄷ (다)		

4
차시

 사후평가

"선생님이 불러 주는 단어를 받아 적는 문제입니다. 잘 듣고, 답안지에 단어를 받아 적어 보세요."

(정답지 p. 155에 평가 문항 제시)

번호	단어(발음)
1	
2	
3	
4	
5	
6	
7	
8	

일러두기(5차시)

음운 변동 규칙: 비음화 법칙

1. 앞글자의 겹받침이 'ㄺ'이고, 뒷글자가 'ㄴ'으로 시작되면, 'ㄺ'의 대표음인 [윽] 소리가 뒤에 오는 콧소리('ㄴ')를 닮아 콧소리 [응]으로 발음된다.
   예) 읽 + 는 → [잉는]   긁 + 니 → [긍니]
2. 앞글자의 겹받침이 'ㅄ'이고, 뒷글자가 'ㄴ'으로 시작되면, 'ㅄ'의 대표음인 [읍] 소리가 뒤에 오는 콧소리('ㄴ')를 닮아 콧소리 [음]으로 발음된다.
   예) 없 + 는 → [엄는]   없 + 니 → [엄니]

음운 변동이 적용되는 단어의 단어인지 및 철자 교수법

음운 변동이 적용되는 단어의 단어인지 및 철자 교수법은 1) 표기처리 중심 철자 교수법과 2) 형태처리 중심 철자 교수법이 결합된 형태의 교수법으로 실시하는 것이 효과적이다.

표기처리 중심 철자 교수법

표기처리 중심 철자 교수법은 단어의 발음뿐 아니라 단어의 시각적인 형태에도 초점을 맞추어 가르치는 교수법이다. 한글의 경우에는 음운 변동 규칙을 가르침으로써, 단어의 시각적인 형태에 초점을 맞추도록 가르친다. 각 음운 변동별로 단어들을 묶어서 해당 음운 변동 규칙을 명시적으로 가르치고(예, 비음화 법칙이 적용되는 단어: 읽는다, 늙는, 긁는데), 같은 음운 변동이 적용되는 단어들끼리 분류하는 활동(word sorting; 예, 읽는다, 늙는, 긁는데 – 비음화 vs. 뚫고, 끓게, 옳지, 많지 – 축약) 등을 실시하는 것이 필요하다. 또한 겹받침의 시각적인 형태를 강조하기 위해 겹받침에 ○를 치는 활동 등을 활용할 수 있다.

형태처리 중심 철자 교수법

형태처리 중심 철자 교수법은 단어의 형태적 구조(morphological structure)를 명시적으로 가르치는 교수법이다. 특히 한글의 경우에는 용언의 기본형과 용언의 변형을 연결 지어 교수하는 방법이 효과적인 것으로 밝혀졌다. 즉, 용언의 어간과 어미를 명시적으로 가르치고, 어미별로 단어를 분류하는 활동 등을 실시하는 것이 필요하다.

가리고 – 기억하여 쓰고 – 비교하기

가리고, 기억하여 쓰고, 비교하기(cover, copy, compare)는 자기 교정법에 속하는 활동이다. 학생에게 단어를 보여 준 다음, 단어를 가리고(cover), 약간의 시간(예, 약 3초)을 주어 학생이 단어를 기억하여 쓰도록 하고(copy), 그다음 다시 단어를 보여 주어 해당 단어와 자신의 답을 비교하여 답을 확인하게 한다(compare). 이때, 각 단어의 겹받침에 ○를 치도록 하여, 학생들이 겹받침의 시각적 형태에 주의를 기울이도록 한다.

단어 분류하기

단어 분류하기는 단어를 구체적인 기준에 따라 구분하는 활동을 의미한다. 예를 들어, 같은 음운 변동 규칙이 적용되는 단어들끼리 구분하는 활동 등이 이에 해당한다.

5차시 | 겹받침 비음화 - 겹받침 ㄺ, ㅄ + 'ㄴ'시작 단어: 읽는, 없는

 학습목표

겹받침 'ㄺ' 'ㅄ' + 'ㄴ' 시작 단어(비음화 법칙이 적용되는 단어)를 정확하게 읽고 쓸 수 있다.

 사전평가

"선생님이 불러 주는 단어를 받아 적는 문제입니다. 잘 듣고, 답안지에 단어를 받아 적어 보세요."

(정답지 p. 156에 평가 문항 제시)

번호	단어(발음)
1	
2	
3	
4	
5	
6	
7	
8	

수업

다음 네모 안의 글자들을 읽어 봅시다. 1)과 2)의 발음이 어떻게 다른지 비교해 봅시다.

1)
읽 는

2)
읽는

음운 변동 규칙 소개하기 1: 비음화 법칙

앞글자의 받침이 'ㄺ'이고, 뒷글자가 'ㄴ'으로 시작되면 [윽] 소리가 나는 앞글자의 'ㄺ' 받침이 콧소리 'ㄴ'을 닮아 [응]으로 발음된다.

읽는   ➡   잉는

앞글자 받침 '<ruby>ㄺ</ruby>'과 뒷글자 'ㄴ'에 ○를 치며 읽어 보세요.

읽은 ➡ 잉는

늙니	늙는	늙는다	늙는데
긁니	긁는	긁는다	긁는데
읽니	읽는	읽는다	읽는데

맑니

밝니

붉니

굵니

다음 네모 안의 글자들을 읽어 봅시다. 1)과 2)의 발음이 어떻게 다른지 비교해 봅시다.

1)

| 없 | 는 |

2)

| 없는 |

음운 변동 규칙 소개하기 2: 비음화 법칙

앞글자의 받침이 'ㅄ'이고, 뒷글자가 'ㄴ'으로 시작되면 [읍] 소리가 나는 앞글자의 받침 'ㅄ'이 콧소리 'ㄴ'을 닮아 [음]으로 발음된다.

| 없는 | ➡ | 엄는 |

앞글자 받침 'ㅄ'과 뒷글자 'ㄴ'에 ◯를 치며 읽어 보세요.

없은 ➡ 엄는

없는	없니
재미없는	재미없니
맛없는	맛없니
터무니없는	터무니없니
틀림없는	틀림없니
난데없는	난데없니

〈보기〉에서 빈칸에 알맞은 단어를 골라 적으세요.

01 책을 [　　　] 모습이 보기 좋다.

● 보기 ●
① 익는　② 읽는　③ 잃는　④ 있는

02 엄마가 [　　　] 것이 슬프다.

● 보기 ●
① 늙는　② 닑는　③ 늛는　④ 늘는

03 아무도 [　　　] 교실이 무섭다.

● 보기 ●
① 업는　② 엄는　③ 없은　④ 없는

04 [　　　] 일이 일어났다.

● 보기 ●
① 난데업는　② 난데없은　③ 난데없는　④ 난데엄는

05 꽃이 [　　　] ?

● 보기 ●
① 붕니　② 붛니　③ 북니　④ 붉니

06 하늘이 ⬚ ?

● 보기 ●
① 망니　② 맑니　③ 막니　④ 많니

07 그 사람이 ⬚ ?

● 보기 ●
① 가엾니　② 가였니　③ 가엾니　④ 가염니

08 ⬚ 사실이다.

● 보기 ●
① 틀림없는　② 틀림엄는　③ 틀림었는　④ 틀림없은

09 그 책이 ⬚ ?

● 보기 ●
① 재미없니　② 재미었니　③ 재미없이　④ 재미엄니

10 저 달이 ⬚ ?

● 보기 ●
① 밝니　② 방니　③ 박니　④ 밟니

〈보기〉에서 빈칸에 알맞은 단어를 찾아 쓰세요.

● 보기 ●
없니, 틀림없니, 늙는, 맑니, 난데없는,
재미없니, 긁는다, 맛없는, 굵니, 터무니없는

1. [   ] 폭설로 길이 막혔다.

2. [   ] 음식은 먹고 싶지 않다.

3. 고양이가 자꾸 바닥을 [   ].

4. 시냇물이 왜 이렇게 [   ]?

5. 이 영화는 왜 이렇게 [   ]?

6. 거기 아무도 [   ]?

7. 그 소문이 사실임이 [   ]?

8. 그는 [   ] 거짓말을 했다.

9. 사람이 [   ] 까닭은 무엇일까?

10. 이 반지를 끼기에 내 손가락이 너무 [   ]?

앞글자의 겹받침과 뒷글자 'ㄴ'에 ○를 치면서 단어를 읽으세요. 그다음, 단어를 가림판으로 가리고 기억하여 쓴 후, 맞게 썼는지 확인해 봅시다. 그리고 단어를 세 번 더 반복해서 써 봅시다.

앞글자 겹받침과 뒷글자 'ㄴ'에 ○를 치면서 읽기	기억하여 쓰기	반복 쓰기	반복 쓰기	반복 쓰기
없니				
틀림없니				
늙는				
맑니				
난데없는				
재미없니				
긁는다				
어이없는				
굵니				
터무니없는				

다음 단어의 어간(변하지 않는 글자)에 ○를 치면서 단어를 읽어 보세요.

어간	어미
읽	니 는 는데

늙니	늙는	늙는데
굵니	굵는	굵는데
읽니	읽는	읽는데
없니	없는	없는데
재미없니	재미없는	재미없는데
어이없니	어이없는	어이없는데
터무니없니	터무니없는	터무니없는데
틀림없니	틀림없는	틀림없는데
난데없니	난데없는	난데없는데

5차시

다음 단어의 어미에 ○를 치면서 단어를 읽어 보세요.

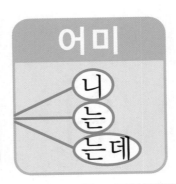

늙니	늙는	늙는데
굵니	굵는	굵는데
읽니	읽는	읽는데
없니	없는	없는데
재미없니	재미없는	재미없는데
어이없니	어이없는	어이없는데
터무니없니	터무니없는	터무니없는데
틀림없니	틀림없는	틀림없는데
난데없니	난데없는	난데없는데

다음 문장들의 단어에 알맞은 받침을 적어 넣어 봅시다.

1. 등을 **ㄱ**는 모습이 웃겼다.

2. 엄마가 **느**니?

3. 아무도 **어**는 교실이 무섭다.

4. 엄마가 **느**는 것이 슬프다.

5. 달이 **바**니?

6. 하늘이 **마**니?

7. 아무도 **어**니?

8. **어이어**는 일이 벌어졌다.

9. 책을 **이**는 모습이 보기 좋다.

10. 무가 **구**니?

11. **난데어**는 일이 일어났다.

12. 꽃이 **부**니?

13. 등을 **ㄱ**니?

이전 활동에서 완성한 단어들을 같은 받침과 같은 어미를 가진 단어끼리 단어 카드(✂ 〈부록 6쪽〉)를 사용하여 붙여 봅시다. 그다음, 받침별로 소리 내어 읽어 봅시다.

	겹받침 ㄹㄱ	겹받침 ㅂㅅ
-니		
-는		

 사후평가

"선생님이 불러 주는 단어를 받아 적는 문제입니다. 잘 듣고, 답안지에 단어를 받아 적어 보세요."

(정답지 p. 156에 평가 문항 제시)

번호	단어(발음)
1	
2	
3	
4	
5	
6	
7	
8	

5
차시

정답지

1. 대표음으로 발음되는 겹받침 단어

1차시 겹받침 ㄵ, ㄼ: 앉다, 넓다

📦 사전평가(11쪽)

번호	단어(발음)	예	단어(발음)
1	얇다(얄따)	책 두께가 얇다.	얇다(얄따)
2	끼얹다(끼언따)	물을 끼얹다.	끼얹다(끼언따)
3	짧다(짤따)	치마가 짧다.	짧다(짤따)
4	얹다(언따)	팔을 얹다.	얹다(언따)
5	앉다(안따)	의자에 앉다.	앉다(안따)
6	엷다(열따)	색깔이 엷다.	엷다(열따)
7	넓다(널따)	바다가 넓다.	넓다(널따)
8	가라앉다(가라안따)	배가 가라앉다.	가라앉다(가라안따)

📦 사후평가(31쪽)

번호	단어(발음)	예	단어(발음)
1	엷다(열따)	하늘 색깔이 엷다.	엷다(열따)
2	가라앉다(가라안따)	배가 가라앉다.	가라앉다(가라안따)
3	넓다(널따)	바다가 넓다.	넓다(널따)
4	앉다(안따)	의자에 앉다.	앉다(안따)
5	얹다(언따)	어깨에 팔을 얹다.	얹다(언따)
6	얇다(얄따)	책 두께가 얇다.	얇다(얄따)
7	짧다(짤따)	치마가 짧다.	짧다(짤따)
8	끼얹다(끼언따)	더워서 몸에 물에 끼얹다.	끼얹다(끼언따)

📦 정답지

'ㄵ'받침

◆ 다음 단어들에 알맞은 겹받침을 써넣고, 문장을 소리 내어 읽어 본 후, 단어의 뜻을 알아봅시다. (16쪽)
  1. 앉다-엉덩이를 바닥이나 의자에 대고 등을 펴다. / 2. 가라앉다-물속이나 아래로 내려앉다. / 3. 끼얹다-물 같은 것을 뿌리다. / 4. 얹다-물건 위에 또 다른 물건을 올려놓다.

◆ 겹받침 ㄵ이 들어간 단어의 겹받침에 ○를 치면서 단어를 읽고, 알맞은 뜻을 연결시켜 봅시다. (17쪽)
  1. 앉다-엉덩이를 바닥이나 의자에 대고 등을 펴다. / 2. 얹다-물건 위에 또 다른 물건을 올려놓다. / 3. 가라앉다-물속이나 아래로 내려앉다. / 4. 끼얹다-물 같은 것을 뿌리다.

'ㄼ' 받침

◆ 다음 단어들에 알맞은 겹받침을 써넣고, 문장을 소리 내어 읽어 본 후, 단어의 뜻을 알아봅시다. (24쪽)
  1. 넓다–공간이 크다. / 2. 짧다–길이가 길지 않다. / 3. 엷다–색이 진하지 않다. / 4. 얇다–두께가 두껍지 않다.

◆ 겹받침 ㄼ이 들어간 단어의 겹받침에 ○를 치면서 단어를 읽고, 알맞은 뜻을 연결시켜 봅시다. (25쪽)
  1. 넓다–공간이 크다. / 2. 엷다–색이 진하지 않다. / 3. 짧다–길이가 길지 않다. / 4. 얇다–두께가 두껍지 않다.

◆ 〈보기〉에서 빈칸에 알맞은 단어를 골라 적으세요. (27~28쪽)
  1. ②, 2. ②, 3. ③, 4. ①, 5. ③, 6. ②, 7. ①, 8. ①

◆ 다음 문장들의 단어에 겹받침 ㄵ, ㄼ 중 알맞은 받침을 적어 넣어 봅시다. (29쪽)
  1. 엷다, 2. 앉다, 3. 짧다, 4. 넓다, 5. 가라앉다, 6. 얇다, 7. 얹다, 8. 끼얹다

2차시 겹받침 ㅄ, ㄳ: 없다, 몫

사전평가(33쪽)

번호	단어(발음)	예	단어(발음)
1	몫(목)	나누어 가진 몫	몫(목)
2	어이없다(어이업따)	소문이 어이없다.	어이없다(어이업따)
3	가엾다(가엽따)	거지가 가엾다.	가엾다(가엽따)
4	넋(넉)	돌아가신 아버님의 넋	넋(넉)
5	없다(업따)	책이 없다.	없다(업따)
6	삯(삭)	심부름을 다녀와서 받은 삯	삯(삭)
7	어이없다(어이업따)	소문이 어이없다.	어이없다(어이업따)
8	몫(목)	나누어 가진 몫	몫(목)

사후평가(52쪽)

번호	단어(발음)	예	단어(발음)
1	없다(업따)	책이 없다.	없다(업따)
2	삯(삭)	심부름을 다녀와서 받은 삯	삯(삭)
3	몫(목)	나누어 가진 몫	몫(목)
4	가엾다(가엽따)	거지가 가엾다.	가엾다(가엽따)
5	넋(넉)	돌아가신 아버님의 넋	넋(넉)
6	어이없다(어이업따)	소문이 어이없다.	어이없다(어이업따)
7	없다(업따)	책이 없다.	없다(업따)
8	넋(넉)	돌아가신 아버님의 넋	넋(넉)

🎁 **정답지**

'ㅄ' 받침

◆ 다음 단어들에 알맞은 겹받침을 써넣고, 문장을 소리 내어 읽어 본 후, 단어의 뜻을 알아봅시다. (38쪽)
1. 어이없다–너무 뜻밖이어서 기가 막힌다. / 2. 없다–(어떤 것이) 있지 않다. / 3. 가엾다–딱하고 불쌍하다.

◆ 겹받침 ㅄ이 들어간 단어의 겹받침에 ○를 치면서 단어를 읽고, 알맞은 뜻을 연결시켜 봅시다. (39쪽)
1. 없다–(어떤 것이) 있지 않다. / 2. 가엾다–딱하고 불쌍하다. / 3. 어이없다–너무 뜻밖이어서 기가 막힌다.

'ㄳ' 받침

◆ 다음 단어들에 알맞은 겹받침을 써넣고, 문장을 소리 내어 읽어 본 후, 단어의 뜻을 알아봅시다. (45쪽)
1. 넋–정신 또는 영혼 / 2. 몫–나눠서 각자가 가지게 되는 양(또는 각자가 해야 하는 일) / 3. 삯–일을 한 값으로 받는 것

◆ 겹받침 ㄳ이 들어간 단어의 겹받침에 ○를 치면서 단어를 읽고, 알맞은 뜻을 연결시켜 봅시다. (46쪽)
1. 몫–나눠서 각자가 가지게 되는 양(또는 각자가 해야 하는 일) / 2. 삯–일은 한 값으로 받는 것 / 3. 넋–정신 또는 영혼

◆ 〈보기〉에서 빈칸에 알맞은 단어를 골라 적으세요. (48~49쪽)
1. ①, 2. ①, 3. ③, 4. ①, 5. ③, 6. ③

◆ 다음 문장들의 단어에 겹받침 ㅄ, ㄳ 중 알맞은 받침을 적어 넣어 봅시다. (50쪽)
1. 없다, 2. 몫, 3. 삯, 4. 어이없다, 5. 넋, 6. 가엾다

3차시 겹받침 ㄺ, ㄻ: 읽다, 닮다

🎁 **사전평가(54쪽)**

번호	단어(발음)	예	단어(발음)
1	굵다(국따)	다리가 굵다.	굵다(국따)
2	맑다(막따)	날씨가 맑다.	맑다(막따)
3	닮다(담따)	동생과 닮다.	닮다(담따)
4	옮다(옴따)	병이 옮다.	옮다(옴따)
5	붉다(북따)	꽃이 붉다.	붉다(북따)
6	젊다(점따)	나이가 젊다.	젊다(점따)
7	굶다(굼따)	밥을 굶다.	굶다(굼따)
8	늙다(늑따)	할머니가 늙다.	늙다(늑따)

🔳 사후평가(76쪽)

번호	단어(발음)	예	단어(발음)
1	닮다(담따)	동생과 닮다.	닮다(담따)
2	밝다(박따)	보름달이 밝다.	밝다(박따)
3	젊다(점따)	나이가 젊다.	젊다(점따)
4	긁다(극따)	얼굴을 긁다.	긁다(극따)
5	늙다(늑따)	할머니가 늙다.	늙다(늑따)
6	삶다(삼따)	계란을 삶다.	삶다(삼따)
7	읽다(익따)	책을 읽다.	읽다(익따)
8	굶다(굼따)	밥을 굶다.	굶다(굼따)

🔳 정답지

'ㄹㄱ' 받침

◆ 다음 단어들에 알맞은 겹받침을 써넣고, 문장을 소리 내어 읽어 본 후, 단어의 뜻을 알아봅시다. (61쪽)
   1. 늙다-나이가 많이 먹다. / 2. 읽다-글을 보고 이해하다. / 3. 긁다-손톱이나 뾰족한 물건으로 문지르다. /
   4. 굵다-두껍다. / 5. 밝다-빛이 잘 들어 환하다. / 6. 맑다-흐리지 않고 깨끗하다. / 7. 붉다-빨갛다.

◆ 겹받침 ㄹㄱ이 들어간 단어의 겹받침에 ○를 치면서 단어를 읽고, 알맞은 뜻을 연결시켜 봅시다. (62쪽)
   1. 읽다-글을 보고 이해하다. / 2. 밝다-빛이 잘 들어 환하다. / 3. 맑다-흐리지 않고 깨끗하다. / 4. 늙다-
   나이가 많이 먹다. / 5. 붉다-빨갛다. / 6. 긁다-손톱이나 뾰족한 물건으로 문지르다. / 7. 굵다-두껍다.

'ㄹㅁ' 받침

◆ 다음 단어들에 알맞은 겹받침을 써넣고, 문장을 소리 내어 읽어 본 후, 단어의 뜻을 알아봅시다. (69쪽)
   1. 닮다-비슷하게 생기다. / 2. 젊다-나이가 적다. / 3. 옮다-병균이 몸 안으로 들어오다. / 4. 굶다-먹지
   못하다. / 5. 삶다-무언가를 물에 넣고 끓이다.

◆ 겹받침 ㄹㅁ이 들어간 단어의 겹받침에 ○를 치면서 단어를 읽고, 알맞은 뜻을 연결시켜 봅시다. (70쪽)
   1. 닮다-비슷하게 생기다. / 2. 젊다-나이가 적다. / 3. 굶다-먹지 못하다. / 4. 옮다-병균이 몸 안으로 들
   어오다. / 5. 삶다-무언가를 물에 넣고 끓이다.

◆ 〈보기〉에서 빈칸에 알맞은 단어를 골라 적으세요. (72~73쪽)
   1. ②, 2. ②, 3. ①, 4. ①, 5. ①, 6. ①, 7. ①, 8. ②

◆ 다음 문장들의 단어에 겹받침 ㄹㄱ, ㄹㅁ 중 알맞은 받침을 적어 넣어 봅시다. (74쪽)
   1. 닮다, 2. 긁다, 3. 삶다, 4. 굶다, 5. 밝다, 6. 읽다, 7. 젊다, 8. 늙다, 9. 굵다, 10. 붉다, 11. 맑다, 12. 옮다

2. 음운 변동이 적용되는 겹받침 단어

1차시 겹받침 연음 - (1) 겹받침 ㄺ, ㄵ, ㄼ, ㄻ + 'ㅇ' 시작 단어: 젊어

🔲 사전평가(79쪽)

번호	단어(발음)	예	단어(발음)
1	밝아(발가)	달이 밝아 잘 보인다.	밝아(발가)
2	얹어(언저)	밥에 햄을 얹어 먹다.	얹어(언저)
3	옮아(올마)	병이 옮아 아프다.	옮아(올마)
4	얇았다(얄바따)	책 두께가 얇았다.	얇았다(얄바따)
5	붉어(불거)	얼굴이 붉어졌다.	붉어(불거)
6	가라앉은(가라안즌)	가라앉은 종이배가 젖었다.	가라앉은(가라안즌)
7	짧은(짤븐)	짧은 치마를 입었다.	짧은(짤븐)
8	밝았다(발가따)	달이 밝았다.	밝았다(발가따)

🔲 사후평가(90쪽)

번호	단어(발음)	예	단어(발음)
1	넓어(널버)	바다가 넓어 보인다.	넓어(널버)
2	삶은(살믄)	삶은 달걀이 맛있다.	삶은(살믄)
3	맑은(말근)	맑은 하늘	맑은(말근)
4	젊어(절머)	삼촌은 젊어 보인다.	젊어(절머)
5	앉았다(안자따)	의자에 앉았다.	앉았다(안자따)
6	넓었다(널버따)	바다가 넓었다.	넓었다(널버따)
7	늙은(늘근)	늙은 나무가 뒷산에 있다.	늙은(늘근)
8	읽어(일거)	동화책을 읽어 주는 아빠	읽어(일거)

🔲 정답지

◆ 〈보기〉에서 빈칸에 알맞은 단어를 골라 적으세요. (82~83쪽)
　 1. ④, 2. ①, 3. ③, 4. ③, 5. ③, 6. ④, 7. ②, 8. ②, 9. ②, 10. ④

◆ 〈보기〉에서 빈칸에 알맞은 단어를 찾아 쓰세요. (84쪽)
　 1. 긁었다, 2. 늙은, 3. 넓어서, 4. 닭아서, 5. 붉은, 6. 앉았다, 7. 얇은, 8. 얹어, 9. 옮아, 10. 짧았다, 11. 삶은

◆ 다음 문장들의 단어에 알맞은 받침을 적어 넣어 봅시다. (88쪽)
　 1. 넓은, 2. 닭았다, 3. 닭아, 4. 붉은, 5. 주저앉았다, 6. 긁었다, 7. 얇은, 8. 삶았다, 9. 옮은, 10. 짧아

[2차시] **겹받침 연음 - (2) 겹받침 ㅄ + 'ㅇ'시작 단어: 없어**

사전평가(92쪽)

번호	단어(발음)	예	단어(발음)
1	어이없어(어이업써)	어이없어 웃음이 나왔다.	어이없어(어이업써)
2	가엾었다(가엽써따)	거지가 가엾었다.	가엾었다(가엽써따)
3	없었다(업써따)	책이 없었다.	없었다(업써따)
4	난데없이(난데업씨)	난데없이 나타나다.	난데없이(난데업씨)
5	없어(업써)	책이 없어 야단을 맞았다.	없어(업써)
6	어이없이(어이업씨)	어이없이 지다.	어이없이(어이업씨)
7	가엾이(가엽씨)	거지를 가엾이 여기다.	가엾이(가엽씨)
8	어이없었다(어이업써따)	소문이 어이없었다.	어이없었다(어이업써따)

사후평가(102쪽)

번호	단어(발음)	예	단어(발음)
1	가엾어(가엽써)	거지가 가엾어 돈을 주다.	가엾어(가엽써)
2	난데없어(난데업써)	철수의 등장이 난데없어 놀랐다.	난데없어(난데업써)
3	가엾었다(가엽써따)	거지가 가엾었다.	가엾었다(가엽써따)
4	없어(업써)	책이 없어 야단을 맞았다.	없어(업써)
5	난데없었다(난데업써따)	철수의 등장은 난데없었다.	난데없었다(난데업써따)
6	없었다(업써따)	책이 없었다.	없었다(업써따)
7	없이(업씨)	돈 없이 물건을 살 수 없다.	없이(업씨)
8	어이없이(어이업씨)	어이없이 지다.	어이없이(어이업씨)

정답지

◆ 〈보기〉에서 빈칸에 알맞은 단어를 골라 적으세요. (95쪽)
  1. ③, 2. ①, 3. ③, 4. ②, 5. ②

◆ 〈보기〉에서 빈칸에 알맞은 단어를 찾아 쓰세요. (96쪽)
  1. 가엾어, 2. 가엾었다, 3. 어이없이, 4. 어이없었다, 5. 없었다, 6. 어이없어, 7. 난데없이, 8. 난데없었다, 9. 가엾이, 10. 없이

◆ 다음 문장들의 단어에 알맞은 받침을 적어 넣어 봅시다. (100쪽)
  1. 어이없이, 2. 없어, 3. 어이없었다, 4. 가엾었다, 5. 가엾어, 6. 가엾이, 7. 난데없었다, 8. 어이없어, 9. 없었다, 10. 없이, 11. 난데없어, 12. 난데없이

3차시 겹받침 ㅎ 탈락 연음 – 겹받침 ㅀ, ㄶ + 'ㅇ' 시작 단어: 잃어

사전평가(104쪽)

번호	단어(발음)	예	단어(발음)
1	곪아(고라)	사과가 곪아 버렸다.	곪아(고라)
2	앓았다(아랃따)	병을 앓았다.	앓았다(아랃따)
3	괜찮아(괜차나)	난 괜찮아.	괜찮아(괜차나)
4	닳아(다라)	신발이 닳아 구멍이 나다.	닳아(다라)
5	잃어(이러)	돈을 잃어버렸다.	잃어(이러)
6	싫었다(시럳따)	나는 철수가 싫었다.	싫었다(시럳따)
7	많았다(마낟따)	숙제가 많았다.	많았다(마낟따)
8	닳았다(다랃따)	구두가 다 닳았다.	닳았다(다랃따)

사후평가(115쪽)

번호	단어(발음)	예	단어(발음)
1	괜찮았다(괜차낟따)	볼수록 괜찮았다.	괜찮았다(괜차낟따)
2	뚫어(뚜러)	종이에 구멍을 뚫어 줘.	뚫어(뚜러)
3	끊었다(끄넏따)	줄을 끊었다.	끊었다(끄넏따)
4	잃어(이러)	돈을 잃어버렸다.	잃어(이러)
5	끓었다(끄럳따)	물이 끓었다.	끓었다(끄럳따)
6	싫어(시러)	하기 싫어.	싫어(시러)
7	않아(아나)	밥이 맛있지 않아.	않아(아나)
8	곪았다(고랃따)	사과가 곪았다.	곪았다(고랃따)

정답지

◆ 〈보기〉에서 빈칸에 알맞은 단어를 골라 적으세요. (107~108쪽)
  1. ①, 2. ②, 3. ③, 4. ①, 5. ③, 6. ②, 7. ④, 8. ②, 9. ①, 10. ④

◆ 〈보기〉에서 빈칸에 알맞은 단어를 찾아 쓰세요. (109쪽)
  1. 곪아서, 2. 잃었다, 3. 끓었다, 4. 괜찮은, 5. 닳아서, 6. 옳은, 7. 끊어, 8. 뚫었다, 9. 않았다, 10. 많은

◆ 다음 문장들의 단어에 알맞은 받침을 적어 넣어 봅시다. (113쪽)
  1. 끊어, 2. 앓았다, 3. 잃어, 4. 싫어, 5. 점잖아, 6. 옳아, 7. 곪았다, 8. 싫었다, 9. 닳아, 10. 많았다, 11. 뚫어, 12. 않아, 13. 끓었다, 14. 잃었다, 15. 괜찮았다, 16. 끊었다, 17. 심심찮았다, 18. 괜찮아

4차시 겹받침 축약 – 겹받침 ㅀ, ㄶ + 'ㄱ, ㄷ, ㅈ' 시작 단어: 뚫고, 않고

사전평가(117쪽)

번호	단어(발음)	예	단어(발음)
1	닳다(달타)	신발이 닳다.	닳다(달타)
2	옳지(올치)	그건 옳지 않다.	옳지(올치)
3	끊고(끈코)	줄을 끊고 도망가다.	끊고(끈코)
4	끓지(끌치)	물이 끓지 않는다.	끓지(끌치)
5	앓다(알타)	감기를 앓다.	앓다(알타)
6	심심찮다(심심찬타)	철수가 다치는 일이 심심찮다.	심심찮다(심심찬타)
7	잃지(일치)	용기를 잃지 않도록 해라.	잃지(일치)
8	싫다(실타)	공부하기 싫다.	싫다(실타)

사후평가(130쪽)

번호	단어(발음)	예	단어(발음)
1	싫지(실치)	너도 싫지?	싫지(실치)
2	꿇게(꿀케)	무릎 꿇게 만들지 마라.	꿇게(꿀케)
3	끊지(끈치)	줄 끊지 마!	끊지(끈치)
4	뚫다(뚤타)	종이에 구멍을 뚫다.	뚫다(뚤타)
5	많지(만치)	너무 많지?	많지(만치)
6	잃다(일타)	산 속에서 길을 잃다.	잃다(일타)
7	않고(안코)	싸우지 않고 친하게 지내다.	않고(안코)
8	끓다(끌타)	물이 펄펄 끓다.	끓다(끌타)

정답지

◆ 〈보기〉에서 빈칸에 알맞은 단어를 골라 적으세요. (122~123쪽)
1. ④, 2. ④, 3. ②, 4. ②, 5. ①, 6. ②, 7. ④, 8. ①, 9. ③, 10. ①

◆ 〈보기〉에서 빈칸에 알맞은 단어를 찾아 쓰세요. (124쪽)
1. 옳지, 2. 잃고, 3. 끊고, 4. 뚫기, 5. 싫다, 6. 점잖게, 7. 끓지, 8. 닳도록, 9. 많지, 10. 괜찮게

◆ 다음 문장들의 단어에 알맞은 받침을 적어 넣어 봅시다. (128쪽)
1. 끊지, 2. 점잖게, 3. 싫고, 4. 심심찮게, 5. 꿇게, 6. 점잖지, 7. 많고, 8. 닳다, 9. 점잖다, 10. 뚫고, 11. 괜찮다, 12. 잃고, 13. 끓지, 14. 않다, 15. 옳지, 16. 앓다, 17. 끊고, 18. 끓다, 19. 잃지

5차시 겹받침 비음화 – 겹받침 ㄹㄱ, ㅂㅅ + 'ㄴ' 시작 단어: 읽는, 없는

📦 사전평가(132쪽)

번호	단어(발음)	예	단어(발음)
1	밝니(방니)	달이 밝니?	밝니(방니)
2	굵니(궁니)	무가 굵니?	굵니(궁니)
3	틀림없는(틀림엄는)	그 것은 틀림없는 사실이다.	틀림없는(틀림엄는)
4	없니(엄니)	아무도 없니?	없니(엄니)
5	난데없는(난데엄는)	난데없는 일이 일어났다.	난데없는(난데엄는)
6	늙는(능는)	엄마가 늙는 것이 슬프다.	늙는(능는)
7	없는(엄는)	아무도 없는 교실이 무섭다.	없는(엄는)
8	읽니(잉니)	책을 읽니?	읽니(잉니)

📦 사후평가(145쪽)

번호	단어(발음)	예	단어(발음)
1	읽는(잉는)	책을 읽는 모습이 보기 좋다.	읽는(잉는)
2	어이없는(어이엄는)	어이없는 일이었다.	어이없는(어이엄는)
3	긁는(긍는)	등을 긁는 모습이 웃겼다.	긁는(긍는)
4	없니(엄니)	재미없니?	없니(엄니)
5	없는(엄는)	아무도 없는 교실이 무섭다.	없는(엄는)
6	붉니(붕니)	꽃이 붉니?	붉니(붕니)
7	굵니(궁니)	무가 굵니?	굵니(궁니)
8	맑니(망니)	하늘이 맑니?	맑니(망니)

◆ 〈보기〉에서 빈칸에 알맞은 단어를 골라 적으세요. (137~138쪽)
1. ②, 2. ①, 3. ④, 4. ③, 5. ④, 6. ②, 7. ①, 8. ①, 9. ①, 10. ①

◆ 〈보기〉에서 빈칸에 알맞은 단어를 찾아 쓰세요. (139쪽)
1. 난데없는, 2. 맛없는, 3. 긁는다, 4. 맑니, 5. 재미없니, 6. 없니, 7. 틀림없니, 8. 터무니없는, 9. 늙는, 10. 굵니

◆ 다음 문장들의 단어에 알맞은 받침을 적어 넣어 봅시다. (143쪽)
1. 긁는, 2. 늙니, 3. 없는, 4. 늙는, 5. 밝니, 6. 맑니, 7. 없니, 8. 어이없는, 9. 읽는, 10. 굵니, 11. 난데없는, 12. 붉니, 13. 긁니

저자 소개

김애화 (Kim, Aehwa)

aehwa@dankook.ac.kr

현재 단국대학교 특수교육과 교수로 재직 중이다. 단국대학교 특수교육과를 졸업하고, 미국 텍사스 주립대학교(University of Texas at Austin)에서 학습장애 전공으로 석사 및 박사 학위를 받았다. 텍사스 읽기 및 쓰기 연구소(Texas Center for Reading and Language Arts Center)에서 전임연구원(Research Associate)으로 일하였으며, SSCI 저널인 *Journal of Learning Disabilities*의 assistant editor를 역임하였고, 현재 *Journal of Learning Disabilities*의 consulting editor로 활동 중이다.

김의정 (Kim, Uijung)

uijungkim@kornu.ac.kr

현재 나사렛대학교 특수교육과 교수로 재직 중이다. 부산대학교 중어중문과를 졸업하고, 미국 텍사스 주립대학교(University of Texas at Austin)에서 특수 일반 및 자폐성 장애 전공으로 석사 및 박사 학위를 받았다. 텍사스 읽기 및 쓰기 연구소(Texas Center for Reading and Language Arts Center)에서 전임연구원(Research Associate)으로 일하였으며, 캘리포니아 주립대학교(California State University, Los Angeles) 특수교육과 조교수로 재직하였다.

학령기 아동을 위한 단어인지 및 철자 프로그램 **4**

겹받침 단어

Word Identification and Spelling Program for School-Age Children

2018년 1월 30일 1판 1쇄 발행
2023년 6월 20일 1판 3쇄 발행

지은이 • 김애화 · 김의정
펴낸이 • 김진환
펴낸곳 • ㈜ **학지사**

           04031 서울특별시 마포구 양화로 15길 20 마인드월드빌딩
대표전화 • 02)330-5114   팩스 • 02)324-2345
등록번호 • 제313-2006-000265호

홈페이지 • http://www.hakjisa.co.kr
페이스북 • https://www.facebook.com/hakjisa

ISBN 978-89-997-1464-1 94370
     978-89-997-1460-3 (set)

정가 15,000원

이 도서의 국립중앙도서관 출판시도서목록(CIP)은 서지정보유통지원
시스템 홈페이지(http://seoji.nl.go.kr)와 국가자료공동목록시스템
(http://www.nl.go.kr/kolisnet)에서 이용하실 수 있습니다.
(CIP 제어번호: CIP2017035269)

출판 · 교육 · 미디어기업 **학지사**

간호보건의학출판 **학지사메디컬** www.hakjisamd.co.kr
심리검사연구소 **인싸이트** www.inpsyt.co.kr
학술논문서비스 **뉴논문** www.newnonmun.com
원격교육연수원 **카운피아** www.counpia.com

2

3

단어 카드

1차시

엷다	앉다	짧다	넓다	가라앉다
얇다	없다	끼얹다		

2차시

없다	몫	삯	어이없다	넋
가엾다				

3차시

닮다	긁다	삶다	굵다	밟다
읽다	젊다	늙다	굶다	붉다
맑다	옮다			

1차시

| 넓은 | 닮았다 | 닮아 | 붉은 | 주저앉았다 |

| 긁었다 | 얇은 | 삶았다 | 옳은 | 짧아 |

2차시

| 어이없이 | 없어 | 어이없었다 | 가엾었다 | 가엾어 |

| 가엾이 | 난데없었다 | 어이없어 | 없었다 | 없이 |

| 난데없어 | 난데없이 |

3차시

| 끊어 | 앉았다 | 잃어 | 싫어 | 점잖아 |

| 옳아 | 곯았다 | 싫었다 | 닳아 | 많았다 |

| 뚫어 | 않아 | 끓었다 | 잃었다 | 괜찮았다 |

| 끊었다 | 심심찮았다 | 괜찮아 |

끊지	점잖게	싫고	심심찮게	끓게
점잖지	많고	닳다	점잖다	뚫고
괜찮다	잃고	끓지	않다	옳지
앓다	끓고	끊다	잃지	

긁는	늙니	없는	늙는	밝니
맑니	없니	어이없는	읽는	굵니
난데없는	붉니	긁니		